SAN CRISTÓBAL, MUNICIPIO. DE TLACOACHISTLAHUACA, GUERRERO

SAN CRISTÓBAL, MUNICIPIO. DE TLACOACHISTLAHUACA, GUERRERO

HELADIO DOMÍNGUEZ CRISTÓBAL

Número de Control de la Biblioteca del Congreso de EE. UU.:   2015917759
ISBN: Tapa Dura   978-1-5065-0806-1
                 Tapa Blanda   978-1-5065-0828-3
                 Libro Electrónico   978-1-5065-0829-0

Información de la imprenta disponible en la última página.

Fecha de revisión: 29/10/2015

Para realizar pedidos de este libro, contacte con:
Palibrio
1663 Liberty Drive, Suite 200
Bloomington, IN 47403
Gratis desde EE. UU. al 877.407.5847
Gratis desde México al 01.800.288.2243
Gratis desde España al 900.866.949
Desde otro país al +1.812.671.9757
Fax: 01.812.355.1576
ventas@palibrio.com
704001

DEDICATORIAS

A la memoria de los ciudadanos destacados,

Líderes naturales,

Pilares de la vida social y política de la comunidad:

Rey Hernández García, (+)

Amadeo Domínguez Benito, (+)

Alejandrino Díaz Galindo (+)

Marino Hernández Galindo, (+)

PRESENTACION

El libro que ahora presento a ustedes es el producto de muchos meses de trabajo arduo, de observación sistemática, de entrevistas, de pláticas informales, de visitas a los domicilios de informantes, incluso de visitas al cementerio local para precisar algunos datos, de la consulta de documentos antiguos, de boletas escolares de calificaciones, de la búsqueda de fuentes bibliográficas, que por cierto es muy escasa sobre el tema y que finalmente se ofrece con el propósito de que los ciudadanos de hoy y del futuro conozcan sus raíces y pasado histórico.

La primera vez que escribí sobre la comunidad, fue en el año de 1990, cuando como Maestro de Actividades Culturales, presenté dos trabajos académicos obligatorios que contemplaba el Plan de Actividades Culturales de Apoyo a la Educación Primaria (PACAEP) estos trabajos consistieron en la elaboración de una Caracterización Cultural de la Comunidad y la Microhistoria, fue mi primer acercamiento a la historia local y de ahí nació la inquietud de formalizar un trabajo más completo que rescatara los datos más importantes de la comunidad.

Durante muchos años abandoné este proyecto personal y lo retomé cuando elaboré mi tesis de licenciatura para obtener el título de Lic. en Educación Primaria para el Medio Indígena en la Universidad Pedagógica Nacional, Subcentro Ometepec, el capítulo uno del citado documento describió a groso modo los datos históricos locales, así como de los rasgos más importantes de la vida comunitaria. Geografía, economía, vida social, vida cultural y política, por sólo citar algunos.

Mucha información se perdió en la memoria colectiva, pero lamentablemente los cronistas del pueblo, conocedores amplios de la historia, vida y cultura local se nos adelantaron en el camino y se llevaron información muy valiosa que pudo registrarse en este trabajo, entre ellos, Romualdo Agapito, Amadeo Domínguez Benito, Alejandrino Díaz Galindo y Marino Hernández Galindo (q. e. p. d:), a ellos dedico este trabajo en gratitud y reconocimiento al amplio servicio social que prestaron a la comunidad.

Algunos datos parecerán incompletos, pero hay una escasez enorme de fuentes de información, sin embargo, esta primera publicación, deberá actualizarse en la medida que se continúe investigando.

Agradezco enormemente el apoyo de los informantes, de las autoridades educativas, municipales y comunales, de los maestros de danza, de los artesanos, de mi familia que me animó a continuar este trabajo que se encontraba inconcluso y de todos aquellos que directa o indirectamente contribuyeron para tal fin.

Espero finalmente que esta obra les resulte útil y valiosa.

Heladio Domínguez Cristóbal.

ÍNDICE

CAPITULO I
GEOGRAFIA

Significado etimológico.

El vocablo mixteco con que se denomina San Cristóbal es SIAJKA este vocablo proviene de los vocablos mixtecos YOSO, que significa plan o llano, y YAKA que quiere decir troja. En algunas comunidades al norte de esta comunidad, se le conoce como YOSO YAKA. Así, su significado es "plan o llano de trojas". (Eutimio 1995)

Ubicación geográfica, límites

La comunidad de San Cristóbal, municipio de Tlacoachistlahuaca, Guerrero, está ubicada en las primeras estribaciones de la Sierra Madre del Sur, en un extenso valle que se extiende desde el Cerro Cántaro hasta el Cerro Colorado. Limita al norte con los terrenos comunales de Cruz Alta y San Jerónimo pertenecientes al mismo municipio; al sur con los terrenos ejidales de Santa María, municipio de Ometepec, guerrero y los de Chacalapa municipio de Igualapa, Guerrero; al este colinda con los terrenos de Rancho Cuananchinicha y al Oeste con los terrenos del señor Nicolás Martínez y el río Quetzala, que baja de la sierra y baña los fértiles valles de la costa chica, antes de desembocar en el océano pacífico. (AGRARIA 1973)

Extensión territorial

La comunidad cuenta con una extensión que abarca un total de 5,802 (cinco mil ochocientas dos) hectáreas. La zona urbana tiene una extensión de 558 cincuenta y ocho) hectáreas. (AGRARIA 1973)

Longitud, latitud, altitud

Esta comunidad se ubica en una longitud de 0982410 (oeste), latitud 164919 (norte) y a una altitud de 0580 mts. Snm. (VIVIENDA 2010)

Clima, precipitaciones

El clima de la comunidad es templado durante la mayor parte del año, moderadamente frío en invierno y caluroso en verano. Las lluvias se presentan desde fines de mayo hasta mediados de octubre con una precipitación muy irregular que en ocasiones afecta los cultivos de los campesinos.

Orografía

Las elevaciones más importantes son: El Cerro Moctezuma, El Cerro Cántaro, La Mixteca, El Cacalote, La Muralla, El Cerro Capulín y el Comején. En las partes Este, Sur y Oeste existen lomeríos pelones donde pastan libremente animales domesticados por el hombre, hay pequeñas barrancas, así como valles con pequeñas porciones cultivables.

Hidrografía

Sus tierras son bañadas por el Arroyo Arena, Arroyo Difunto, Ocoapa Grande, Arroyo Delgado, Arroyo grande, Arroyo Faisán, Arroyo Coticha, El Tepetate y el Rio Quetzala. El agua entubada de la población se toma de un lugar denominado poza del burro, este pequeño arroyo de agua cristalina nace en una Ciénega que se encuentra en el cerro la Mixteca, al norte de la población.

Red de comunicaciones

En los últimos años San Cristóbal se ha convertido en un importante crucero, ya que se han abierto brechas a las comunidades circunvecinas, tanto por parte del H. Ayuntamiento de Tlacoachistlahuaca, como por parte del C.C.I. de la ciudad de Ometepec, Guerrero, beneficiando a poblaciones indígenas del municipio que durante décadas lucharon por la apertura de caminos y que finalmente fueron realizados. La comunidad es un crucero para llegar por tierra a las siguientes comunidades: a Chacalapa, municipio de Igualapa, a Cruz Alta, San Jerónimo y Rancho Cuananchinicha del mismo municipio y a Santa María del Municipio de Ometepec, antiguamente cruzaban por esta comunidad habitantes de Rancho Cuananchinicha, Tlacoachistlahuaca, Las Minas, Huehuetónoc y otras comunidades circunvecinas para asistir a las fiestas del Sr. del Perdón los días 5 y 6 de agosto a Igualaba, así como del tercer viernes de Cuaresma, los peregrinos transitaban por un camino de Herradura para llegar a su destino, actualmente se le conoce a este camino como antiguo camino a Igualapa, ya que ahora para visitar este importante santuario se hace a través de vehículos automotores y el traslado es por la ciudad de Ometepec, quedó atrás llegar caminando o en bestias.

Tipo de población

Toda la población es de tipo rural, constituida por gente indígena hablante del idioma mixteco, en menor proporción por mestizos y algunas personas de origen negro. Según el censo de 2010 realizado por el INEGI, la distribución de la población es de la siguiente manera:

4

Población total	1297
Población masculina	608
Población femenina	689
Población de 0 a 2 años	63
Población masculina de 0-2 años	23
Población femenina de 0-2 años	40
Población de 3 años y mas	1233
Población masculina de 3 años y mas	584
Población femenina de 3 años y mas	649
Población de 5 años y mas	1184
Población de 12 años y mas	956
Población de 15 años y más	832
Población de 18 años y más	729
Población de 3 a 5 años	75
Población de 6 a 11 años	202
Población de 12 a 14 años	124
Población de 15 a 17 años	103
Población de 60 años y mas	138
Población nacida en la entidad	1264
Población nacida en otra entidad	25

Flora y fauna

La vegetación predominante en la Mixteca y en el Cerro Moctezuma es de árboles de encino principalmente, aunque hay una gran variedad de plantas y arbustos que forman pequeños bosques en la región, hay pastizales para el ganado vacuno, equino y caprino. Las plantas más conocidas son: encino, roble, parota, tlachicon, aguacatillo, cuatololote, otate, hormiguillo y carnisuelo.

Los árboles frutales que predominan son los siguientes: mango criollo, nanche, ciruela silvestre en sus variedades roja y amarilla, capulín, plátano en diversas variedades, guayaba, limón dulce, limón agrio, naranjas, guanábana, árbol de almendras, coco en pequeña proporción, zapote mamey, zapote negro y cabezón, papayas, aguacate, guayaba agria y dulce, caña, también se encuentra en forma silvestre el camote y se cultiva para el consumo familiar en pequeñas proporciones Jamaica, jícama y cacahuate.

Existen también en los patios de las casas plantas ornamentales propias de la región como la bugambilia, la copa de oro, de manera temporal se cultiva la flor de cempasúchil que se utiliza para adornar los altares y ofrendas en Día de muertos, también se pueden apreciar, los tulipanes, el platanillo, la rosa de castilla entre otros.

No puede faltar el cultivo de plantas medicinales como el epazote, la ruda, la yerbabuena, el telimón, el limón, la naranja, el árbol de zopilote y la sábila. En forma silvestre se encuentra la hoja de árnica y el guarumbo.

La fauna silvestre es muy variada, especies como el venado, el jabalí, la chachalaca, el conejo, la ardilla y la paloma están en peligro de extinción. Existen también armadillos, tlacuaches, mapaches, tejones, zorrillos, víboras de cascabel, coralillo y boas. Hay una gran cantidad de aves como el sanate, el chiculú, el pájaro carpintero, iguanas y pequeños pececitos llamados **potes** y **blanquillos** que sirven de alimento a la población, la contaminación de los arroyos acabó con los endocos, los camarones y las ranas.

De las aves en extinción se encuentra el pájaro copetón y el faisán, hay un arroyo de aguas cristalinas que lleva este nombre, antaño se observaba la migración de las guacamayas en dirección Norte-Sur, cuando se escuchaba el paso de las guacamayas, las madres solían golpear sobre la cabeza de los niños y niñas una bandeja de madera, esto con la creencia de que los niños y niñas aprenderían a hablar a más temprana edad.

Problemas ecológicos

En los bosques que aún no han sido talados habita una fauna silvestre en grave peligro de extinción, debido a la caza excesiva, tal es el caso del venado, la iguana, el jabalí, la chachalaca, el conejo y la paloma que son especies muy perseguidas. Algunos ancianos del pueblo cuentan que antaño hubo faisanes, guacamayas y tigrillos, actualmente ya no se ven en estos terrenos.

En la época de sequía, a partir del mes de diciembre, inician los incendios forestales que a pesar de que en las escuelas se ha inculcado a los alumnos la protección y cuidado del medio ambiente, constantemente los padres de familia y las personas que se dedican al pastoreo de ganado vacuno o caprino, incendian los bosques con la finalidad de cazar a los venados y también de preparar el tlacocol (terreno a las laderas de las montañas que se preparan para el cultivo de maíz y frijol. Si los terrenos se preparan para lo mismo en lugares planos, entonces reciben el nombre de barbecho) o bien por la creencia de que al quemar pasto éste rápidamente vuelve a nacer y de esta manera puedan alimentar al ganado bovino y caprino.

En los últimos años se ha intensificado el uso de insecticidas, plaguicidas, herbicidas y abonos químicos en la agricultura, trayendo esto como consecuencia la contaminación del suelo, el aire y el agua. Para limpiar los cultivos quedó en desuso la tarecua, la coa y el machete.

Contaminación ambiental

Uno de los problemas de contaminación ambiental que con mayor frecuencia se presenta en nuestro país en las poblaciones tanto rurales como indígenas, es el conocido como fecalismo, que se refiere a la expansión en el ambiente de organismos microscópicos que se encuentran en la materia fecal de hombres y animales. La contaminación de alimentos y utensilios por la vía de microorganismos patógenos provenientes de la materia fecal producen una gran cantidad de infecciones del aparato digestivo, principalmente entre los niños, e infecciones del aparato respiratorio en toda la población. (PUBLICA 1991)

CAPITULO II
ECONOMIA

Actividades principales

Dentro de las actividades económicas más importantes encontramos la agricultura y la ganadería. La primera se practica en el **tlacolol** o barbecho en épocas de lluvias y en tiempos de sequía en el **chagüe**. Se siembra siempre maíz y frijol que son la base de alimentación, pero también se cultiva calabaza y chile. En menos proporción Jamaica, jícama y cacahuate. En los patios de las casas o en corrales se pueden ver plantas frutales como naranja, limón agrio, limón dulce, plátano, guanábana, toronja, carnicuile, mamey, guayaba, mango, ciruela y nanche que son utilizados únicamente para el consumo familiar.

Los ganaderos pastorean diariamente el ganado vacuno y caprino, la producción de leche y queso aumenta en época de lluvia, se producen también becerros de engorda, la gente cría puercos y también aves de corral.

En la comunidad existen muy pocas fuentes de empleo. Los hombres se dedican a las actividades agrícolas y ganaderas, mientras que las mujeres se dedican al cuidado de los hijos, así como a la alfarería. La alfarería ha dado fama regional a la comunidad debido a la elaboración de productos artesanales que se expenden de manera local, en el mercado de Ometepec y en las ferias regionales en diferentes municipios de la entidad y también en Pinotepa Nacional del estado de Oaxaca.

Hay una parte de la población que se dedica a la docencia en diferentes niveles educativos, pero, principalmente en educación básica, otros más han realizado carreras universitarias y técnicas y se encuentran ejerciendo en instituciones públicas y privadas.

Según el censo de 2010, la población económicamente activa e inactiva se resume de la siguiente manera:

TOTAL DE HABITANTES:	1297
POBLACION ECONOMICAMENTE ACTIVA	510
POBLACION ECONOMICAMENTE INACTIVA	439
POBLACION CUPADA	510
POBLACION DESOCUPADA	0

Artesanías

Hasta principios de los años ochenta, una de las artesanías que se fabricaban en el pueblo era el huipil, hecho en telar de cintura y las servilletas. El desuso en que ha caído la indumentaria tradicional provocó la desaparición de esta importante artesanía. Las tejedoras más antiguas que conocí fueron las Sras. María Micaela Santiago Palomar y Zeferina Tito y la que más recientemente dejó de tejer fue la Sra. Guadalupe de Jesús, las tres hoy occisas.

Sus trabajos eran elaborados de manera rústica en telares de cintura, el proceso que seguían era desde la preparación del algodón que se cultivaba en pequeña proporción en la comunidad, el algodón se cosechaba y posteriormente se preparaba a golpe de varas sobre un petate de palma, el paso siguiente era elaborar el hilo para lo cual se utilizaba un malacate prehispánico que se hacía girar velozmente dentro de una jicarita de madera, en el malacate se iba formando el hilo que posteriormente se utilizaba para tejer.

Teniendo los rollos de hilo listos se distribuían y colocaban longitudinalmente y de manera uniforme sobre los utensilios y materiales para tejer, el tallo de un árbol en el patio de las casas, un pilar o un tronco de madera servía eficazmente para colocar el telar.

Una vez colocado el telar, para iniciar el bordado la tejedora se ataba a la cintura el conjunto de hilos que estaban sujetados en varas de madera especialmente preparadas para este fin, los materiales que utilizaban para el tejido, eran un pequeño trozo de madera con punta afilada que le permitía separar y contar los hilos, una espina y varias piezas de madera fina que le permitían ir armando el tejido que consistían en grecas de diversas formas, figuras geométricas, flores y animales bellamente diseñados.

El producto final eran hermosos huipiles que la mujer mixteca portaba como una muestra de folklore y de orgullo cotidiano, se producían además, servilletas y pequeños manteles.

"El telar de cintura es una técnica de hilado artesanal que viene desde tiempos prehispánicos y que dio vida al conocido huipil." (www. bellezaxochistlahuaca.com 2006)

Después de que los telares desaparecieron las mujeres que usaban el huipil lo elaboraron con tela comercial, las faldas también se confeccionaban con tela comercial utilizando para ello una popelina estampada con motivos florales. Generalmente la mujer mixteca andaba descalza, peinaba su pelo en dos trenzas adornadas con listones en días de fiesta.

Durante las festividades del día de muertos se elaboraban diversas figuras de popote, que se recolectaba en esas fechas, estas artesanías se colocaban en los altares donde se hacen las ofrendas a los difuntos. Era común la elaboración de palomas, sonajas y caballos, en la actualidad ya no se elaboran.

HISTORIA Y EVOLUCIÓN DE LA ALFARERÍA

ORIGEN DE LA ALFARERIA

De la alfarería de San Cristóbal no se cuenta con datos precisos de sus orígenes, sin embargo por los vestigios arqueológicos existentes en el poblado, se considera que los primeros asentamientos humanos en esta tierra se establecieron en la época prehispánica, de donde se deduce que también dio inicio en su manera más rudimentaria la elaboración de diversos objetos, de barro para utilizarlos en las actividades de la vida cotidiana.

La alfarería es sin duda herencia del pueblo mixteco que vino del vecino estado de Oaxaca de una región que se llamaba mixtecapan que quiere decir "país de las nubes" que se asentaron en la montaña y costa chica. Los mixtecos veneraban principalmente al dios del maíz, eran excelentes orfebres, es decir, trabajaban los metales como el cobre y el oro de una bella manera. Fueron grandes pintores, elaboraron códices donde escribían los acontecimientos más importantes de su grupo. (Bahena Salgado 1993,)

De aquí de donde proviene la habilidad y destreza para maniobrar el barro; ya que al hallarse en un lugar que no cuenta con yacimientos de los metales acostumbrados a trabajar, pero sí de barro despierta el interés por crear objetos y figuras del mismo; que de alguna manera viene a suplantar a la orfebrería.

13

La alfarería es tan antigua en el poblado pues, Amado González Dávila, (1972), en su Monografía de Tlacoachistlahuaca, señala textualmente que el Sr. Daniel Nájera, se hizo cargo de la escuela municipal de Tlacoachistlahuaca, en plenos años de la revolución y que éste era originario de San Cristóbal, donde atendía una alfarería de su propiedad.

EVOLUCION DE LA ALFARERIA

La evolución no se ha dado de manera acelerada sino por el contrario son pocos los avances que se han efectuado en las técnicas y procedimientos que se aplica en la alfarería que actualmente se trabaja.

En esta situación han influido diversos factores como lo son:

1) La falta de investigaciones que permitan conocer las características del barro, de donde se desprenderían nuevas técnicas para su tratamiento antes y después de la elaboración de los diversos objetos que se fabrican.
2) Por escasos recursos económicos para la impartición de talleres y cursos a las personas que se interesen en la producción de nuevos diseños.
3) El que no se cuente con las herramientas e instrumentos sofisticados para la manipulación del barro.

Dentro de los avances en la extracción del barro se hayan:

1) El pasar de utilizar una estaca a un espeque y de este a una barreta

2) En la transportación han pasado de acarrearlo las personas a transportarlos con animales, posteriormente a las carretillas y para grandes cantidades en vehículos automotores (camionetas)

3) En la creación de las piezas se encuentran las siguientes:

- La implementación de algunos instrumentos adaptados por los mismos artesanos para diseñar, cortar y realizar el acabado de las piezas, estos instrumentos son:

  - Pedazos de plásticos
  - Olotes
  - Pedazos de madera
  - Restos de machetes
  - Cuchillos
  - Hojas (naturales de árboles y plantas)
  - Plumas de aves
  - Moldes de barro

  a) En el secado que se necesita después de formar las figuras se ha mantenido como un único método la exposición al sol hasta que adquieran la firmeza requerida.

  b) Para el acabado y decoración de las figuras tampoco se ha tenido alguna novedad en los instrumentos; se siguen utilizando para el acabado piedras lisas y semillas de cuapinole y para la decoración plumas de aves (gallina) que se utilizan para pintar las piezas que se fabrican.

  c) Finalmente la técnica que utilizan para que los trastes puedan ser usados, es someterlos a temperaturas elevadas dentro de un horno elaborado a base de tierra y restos de los mismos trastes y piedras que son los materiales básicos para construir los hornos por los mismos artesanos.

Esta técnica se conoce comúnmente como "quema de trastes". En este aspecto tampoco se ha tenido un cambio o avance significativo.

MATERIALES, HERRAMIENTAS Y PROCESOS DE ELABORACIÓN

MATERIA PRIMA

Para la fabricación de las artesanías que se elaboran en el poblado de san Cristóbal las principales materias primas que se utilizan son:

- ❖ EL BARRO:
- ❖ EL AGUA:
- ❖ LA TIERRA:
- ❖ LA ARCILLA:
- ❖ LA CENIZA

HERRAMIENTAS Y UTENSILIOS DE TRABAJO

Las herramientas que se utilizan para diseñar, moldear, cortar y pintar los diversos objetos que se elaboran son los siguientes:

1. La principal herramienta de la alfarería de San Cristóbal son las manos de los artesanos que les permiten dar forma a los objetos de acuerdo a lo que observan en su entorno o diseñan con su imaginación.

2. Otras de las herramientas son los moldes prefabricados por los mismos artesanos que utilizan para hacer de manera más rápida los objetos que fabrican.

Moldes y alfarería cruda

Estos moldes son elaborados a base de barro casi de la misma manera en que se fabrican las artesanías con la diferencia de que no les dan el mismo acabado ni se les decora.

3. El cuchillo es la herramienta que utilizan para cortar el barro en las medidas y forma necesarias para elaborar los trastes. También se utilizan para dar forma y hacer detalles en los objetos.

4. El olote se utiliza para aflojar y dar forma a la masa de barro una vez que se están realizando los objetos con la finalidad de no dejar moléculas de aire dentro de la masa de barro que forma la figura porque de lo contrario provocan que al momento de la cocción se produzcan fisuras y desgajamientos en los trastes motivo que impide ponerlos a la venta.

5. Los pedazos de plástico se usan para ir eliminando las protuberancias que se forman en la superficie del barro cuando se le va

dando forma a los objetos que se pretende fabricar.

Los pedazos de plástico son de distintas formas y tamaños según las necesidades del artesano y son elaborados de los restos de bandejas, cubetas, y otros objetos de plástico que ya no tiene alguna otra utilidad.

6. Las hojas de plantas y árboles se utilizan para dar el acabado a las orillas de los trastes, ya que por la textura que tienen dejan la superficie del barro con un aspecto mucho más fino.

7. Las piedras y semillas de cuapinole se utilizan para eliminar las pequeñas asperezas que quedan en la superficie de los trastes. Son recolectadas y seleccionadas en los arroyos y en el campo respectivamente, deben tener una textura muy lisa ser de tamaño regular tienen generalmente una forma ovalada.

8. Las plumas de gallinas tienen su aplicación en la decoración de los trastes. Las plumas son de las más pequeñas que tiene la gallina de aproximadamente 5cm. Tienen el inconveniente de ser muy frágiles por lo que se requiere de un gran número de ellas para un pequeño grupo de trastes.

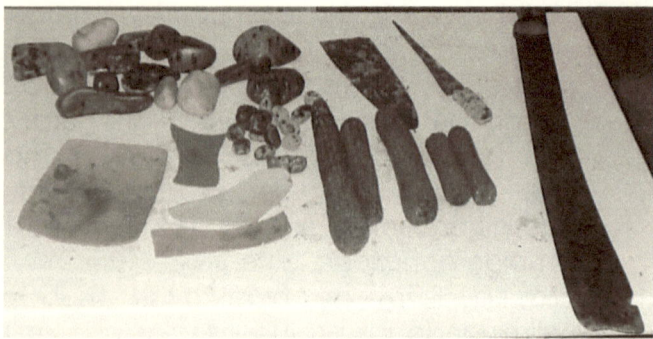

Utensilios de trabajo en la alfarería

PROCESO DE ELABORACIÓN

El proceso de fabricación de las piezas de alfareria que se producen en San Cristóbal está integrado por los siguientes pasos:

1. **EXTRACCION DEL BARRO.** Este consiste en acudir hasta el yacimiento de barro para realizar su extracción, una vez ubicado en lugar debe hacerse una excavación aproximadamente de 50cm de profundidad para hallar el barro que sirve para hacer los trastes; ya que los primeros 50cm están compuestos por tierra y arena (material que no es utilizado para elaborar los trastes). Los yacimientos tienen aproximadamente una profundidad de 2 metros
Una vez que se extrae el barro es transportado hasta el domicilio de los artesanos, el medio de transporte varía según las cantidades entre cubetas, carretillas, animales de carga y camionetas.

2. **ASOLEADO DEL BARRO.** En este paso se realiza exponiendo el barro directamente a los rayos solares de manera que el agua que mantiene se evapore para que el barro obtenga una consistencia dura. El tiempo de la exposición varía según la humedad del barro necesitando de 1 a 3 días para obtener la consistencia adecuada para el siguiente paso.

3. **TRITURACION.** En este paso se emplean una lona o plástico amplio sobre el cual se coloca una piedra de aproximadamente 40 por 70 cm. que sirve como base para prácticamente moler el barro con una piedra más pequeña, esta última de aspecto redondo, posteriormente se utiliza una coladera de

plástico y/o arcilla para colar el barro a fin de obtener una consistencia mucho muy fina, los restos que quedan en la coladera se colocan en un recipiente con agua para que se ablande sin tener un tiempo determinado para ser utilizado.

4. **PREPARACION DE LA MASA.** Aquí se realiza la preparación de la masa de la siguiente forma: se toma una porción del barro que se puso a remojar en el paso anterior misma que se revuelve con otra porción del barro colocado, esto se hace sobre una piedra que hace las veces de un metate. Se amasa de tal manera que queden perfectamente mezcladas ambas porciones de barro.

5. **MOLDEAR LAS FIGURAS.** Una vez obtenida la consistencia deseada en la masa se toma la cantidad necesaria para empezar a crear la figura u objeto que se desee, estas pueden ser: ollas, tinajas, cazuelas, comales, cántaros, alcancías, gorgoretas, etc. Se debe de tomar en cuenta que el tiempo que se toma para elaborar cada artesanía dependerá del tamaño y la forma.

6. **EXPOSICION DE LAS PIEZAS CRUDAS AL SOL.** Ya que se encuentra terminada la figura se expone al sol a fin de que adquieran firmeza y puedan realizarse el primer alisamiento es decir, se remuevan los restos y eliminen las asperezas que queden en la figura. La duración de la exposición al sol será determinada por los siguientes factores: el tamaño, la forma, la figura y la hora del día.

7. **BAÑO DE LAS PIEZAS.** Del barro en su estado natural se realiza la selección y separación de los dos tipos que se utilizan para preparar una especie de pintura con la cual se cubre la parte exterior de la figura conocido

comúnmente como baño. El procedimiento para elaborar la pintura es el siguiente: Se selecciona el barro por color, se tritura hasta molerlo y formar polvo, el cual se disuelve en agua, en un recipiente, hasta obtener una consistencia líquida.

ALISADO y SECADO. Una vez que se realizó el baño se deja secar por espacio de una a dos horas y nuevamente se alisa con piedra o semilla de cuapinole.

8. **PINTADO Y DECORACION.** Después de haber alisado la figura, se empieza a plasmar con pluma de gallina sobre ellas dibujos con motivos florales y animales, así como grecas y textos escritos dependiendo del uso que se le vayan a dar a las piezas una vez cocidas.

   La pintura con la que se realizan los dibujos es a base del mismo barro que se prepara casi de la misma forma en la que se prepara la pintura para el baño, con la diferencia de que el barro que se utiliza debe ser mucho más fino y la consistencia un poco más espesa.

9. **ALISADO DE PINTURA.** Cuando se termina de dibujar nuevamente se eliminan de las figuras las asperezas y residuos mediante el alisado, posteriormente las figuras están listas para el siguiente paso.

10. **QUEMA DE TRASTES.** En este último paso ya que las figuras y objetos están terminados y además se tiene la cantidad necesaria de ellos, para llenar el horno se acomodan sobre las varillas del horno de tal forma que ocupen el menor espacio posible con la finalidad de introducir en el la mayor cantidad de trastes.

Horno rústico para quemar las piezas de alfarería.

Después de esto se cubre el horno con tejas, e incluso restos de trastes a los que ya no se les puede dar otra utilidad.

Ya cubierto el horno se prende según su tamaño de tres a seis montones de leñas de los cuales se irán introduciendo en un principio únicamente las brazas de manera que los trastes adquieran una temperatura elevada de manera gradual hasta el punto en que puedan agregarse las propias leñas con la finalidad de que no quede un solo traste con el fuego necesario para su total cocimiento. Esto tiene una duración aproximada de tres a cinco horas que puede variar según el tamaño del horno. Lo que ocurre en el cocimiento es algo asombroso, las piezas crudas tienen una tonalidad negra o amarilla dependiendo del baño que se le haya dado a las piezas, al cocerse el color negro se transforma en blanco y el amarillo se torna de color rojo, son los colores predominantes una vez que las piezas son cocidas.

Finalmente se deja enfriar por espacio de entre dos y tres horas para poder retirarlos del horno.

11. **COMERCIALIZACION.** Como podemos darnos cuenta el proceso de elaboración de los trastes es largo, laborioso y cansado sobra decir que todo este trabajo no es valorado como se debería sobre todo en el aspecto económico puesto que al ponerse a la venta las mayorías de los compradores no aceptan pagar el precio de los trastes asignados por los artesanos quienes por necesidad se ven obligados a vender sus artesanías a un precio mucho menor de su costo real. La comercialización finalmente se lleva a cabo en la misma comunidad, en las ferias regionales, principalmente en Semana Santa, aumentan las ventas también en DIA DE MUERTOS, con la venta de piezas pequeñas que se utilizan para las ofrendas y también utensilios de cocina que se requieren para la preparación de los alimentos, se venden principalmente cazuelas, ollas, tinajas, comales y vasijas diversas.

En los último años, se han introducido innovaciones en los diferentes diseños, se fabrican también pulseras, aretes y collares, objetos ornamentales como tejas decoradas, fruteros, centros de mesa, jarrones, floreros, alcancías, servilleteros, ceniceros, ángeles, vírgenes, mariposas y corazones tan solo por citar algunos.

Migración

La pobreza extrema, la falta de fuentes de empleo y la necesidad de que los hijos cursen estudios a nivel técnico, medio superior y superior ha obligado

23

a muchas familias a emigrar a centros urbanos en busca de una nueva vida. En la actualidad, muchas personas oriundas de la comunidad se encuentran radicando en ciudades como: Ometepec, Acapulco, Cd. De México y el puerto industrial de Lázaro Cárdenas, Michoacán, entre otras.

En los años setenta muchas familias emigraron al puerto de Acapulco, con la seguridad de encontrar un empleo para subsistir, muchos de estos paisanos se quedaron a radicar en el puerto y solo esporádicamente vuelven al pueblo a visitar a sus familiares.

Varios paisanos que ingresaron al ejército mexicano, se encuentran radicando en estados como Coahuila, Baja California, Campeche, Michoacán y en diferentes regiones del estado de Guerrero.

A partir de los años noventas, el sueño americano fue el objetivo de muchos paisanos, actualmente mas de trecientos radican en diferentes estados de la Unión Americana, lo cual ha cambiado sus patrones culturales, sus formas de vida, su idioma pues muchos se han esforzado por aprender la lengua inglesa, los niños nacidos alla son bilingües.

Necesidades urgentes

- Se requiere el diseño de un proyecto integral de desarrollo comunitario que contemple:
- La mayor parte de la población hace relación al poco valor adquisitivo del dinero, la insuficiencia de los salarios para satisfacer las necesidades básicas.
- Se requiere con urgencia la rehabilitación de la carretera con destino a Ometepec, pues se encuentra en condiciones pésimas.

- Se requieren proyectos productivos para que los campesinos tengan mejores cosechas y los cultivos sean variados, básicamente se cultiva maíz y frijol para el autoconsumo, existen muchos terrenos que no son adecuadamente explotados.
- Se necesita una reforestación urgente en todos los terrenos pero básicamente en áreas estratégicas, el abastecimiento de agua es ya un problema en la población.
- Se requieren créditos o dotación de paquetes para ganado vacuno, caprino y porcino, así como aves de corral para apoyar el ingreso económico de las familias y que no sean exclusivos de apoyo a partido político alguno.
- En general faltan espacios de esparcimiento, como parques infantiles, bibliotecas y el uso de las nuevas tecnologías de la información y la comunicación.
- Gestionar la creación de una casa de la cultura que promueva el rescate y preservación de la lengua indígena, así como las danzas tradicionales, promoviendo a impartición de cursos y talleres que coadyuven a la formación integral de las nuevas generaciones de ciudadanos.

Transporte

La zona es de regular acceso para los vehículos automotores. Una flotilla de camionetas y taxis transportan diariamente el pasaje a la ciudad de Ometepec. Las horas de salida de San Cristóbal a Ometepec comienzan a partir de las cinco de la mañana hasta las seis de la tarde, sale un vehículo cada media hora y de Ometepec a San Cristóbal las horas de salida son a partir de las seis de la mañana hasta las 7:30 p.m. El recorrido dura cuarenta y cinco minutos debido a que suben y bajan pasajeros y carga.

Desempleo

Como en toda población rural, en la comunidad existen muchos desempleados, los hombres y mujeres que constituyen este grupo trabajan eventualmente en actividades agrícolas, ganaderas y artesanales. El peón gana $150.00 (ciento cincuenta pesos) diarios, lo cual resulta totalmente insuficiente para sostener a una familia numerosa. Además, este trabajo es eventual. Por lo que muchos padres de familia tienden a emigrar a centros urbanos en busca de fuentes de empleo más seguras y mejor remuneradas. Algunos más, sobre todo jóvenes, ingresan a las filas del Ejército Mexicano como soldados, y las mujeres se emplean como trabajadoras domésticas en las ciudades. Actualmente la tendencia es viajar a los Estados Unidos donde se tienen mejores percepciones y una nueva forma de vida.

Vivienda

Características de las calles y avenidas

Las calles de la comunidad en su mayoría son calles amplias y poco conservadas, casi todas están pavimentadas, dentro de la comunidad existe mucha vegetación que se compone de árboles frutales, maderables y ornamentales. La zona más concurrida es el centro de la población que cuenta con una cancha de basquetbol techada, el atrio de la iglesia y un área libre que sirve como centro de reunión para los niños en donde practican algunos juegos tradicionales, las calles asfaltadas cuentan con drenaje y red de agua potable, así como el suministro de energía eléctrica en la mayoría de los hogares.

Características de las casas

Las características de las viviendas han ido evolucionando con el paso del tiempo, a principios, si nos remontamos a los años cincuentas la mayoría de las casas eran pequeñas viviendas construidas con material local y consistían en casas redondas, con paredes de madera que se conseguía fácilmente en los bosques de la comunidad, los techos estaban construidos con morillos, otates y zacate, tenían forma de cono y en la parte más alta se le colocaba una olla en posición invertida para evitar que el agua se introdujera en la vivienda. Generalmente se construían dos viviendas, una servía como cocina-comedor y la otra como dormitorio, todas las casas tenían una troja, construida con otates y era el lugar donde se guardaba la mazorca que se cosechaba en los cultivos.

La posterior generación de casas fue de adobe y de jaulilla, con techos de teja y pisos de tierra, todas de una sola planta y son compartidas por todos los miembros de la familia. Las casas de adobe se construyeron con un espacio para sala, mayoría, corredor y cocina muy pocas tienen bardas de adobe pero tienen cerco de madera, reforzados con mayas y alambres de púas.

De las rústicas casas de adobe, se llegó a la construcción de las casas con material industrial y techo con loza de concreto, pues son más seguras en una zona sísmica como en la que se ubica la población, los sismos de 1985 y 2012 que dañaron severamente las viviendas de adobe, trajeron programas de apoyo para la rehabilitación y construcción de las viviendas afectadas, cambiando con ello la imagen de la comunidad.

Existen pocas casas de dos plantas, así como muy escasas para rentar. Todas las construcciones están agrupadas formando manzanas, se puede observar que existen espacios libres entre una y otra casa son muy pocas las que cuentan con jardines, la mayoría tiene patio amplio. El combustible que más se usa en la cocción de los alimentos es la leña. La mayoría de las casas cuenta con los servicios siguientes: Pavimentación, luz eléctrica, drenaje y agua entubada.

Según el Censo General de Población y vivienda 2010, las casas con servicios se enumeran de la siguiente forma:

Total de hogares censales	295
Hogares censales con jefatura masculina.	219
Hogares censales con jefatura femenina	76
Población en hogares censales	1297
Total de viviendas habitadas	295
Total de viviendas particulares	363
Viviendas particulares habitadas	295
Viviendas particulares deshabitadas	56
Viviendas particulares con piso de material	219
Viviendas particulares con piso de tierra	76
Viviendas que disponen de luz eléctrica	264
Viviendas particulares que no disponen de luz eléctrica	31
Viviendas que disponen de agua entubada	261
Viviendas que no disponen de agua entubada	34
Viviendas que disponen de excusado o sanitario	201
Viviendas que disponen de drenaje	198
Viviendas que no disponen de drenaje	97

Edificios públicos

Los edificios públicos con que cuenta la localidad son: Seis planteles educativos, entre ellos dos jardines de infantes, dos primarias, una secundaria técnica y la Escuela Preparatoria popular, el templo católico, la comisaria municipal y la tienda comunitaria.

CAPITULO III
VIDA RELIGIOSA

Iglesias y sacerdotes

Existe en San Cristóbal solamente un templo católico al que acuden los fieles en las festividades y cuando hay misa. Durante casi dos décadas sacerdotes extranjeros, de nacionalidad norteamericana, oficiaron misa en este templo, fueron muy respetados y queridos por la población. Con cierta regularidad se han llevado a cabo en el templo cursos para jóvenes y adultos, proyección de diapositivas y videos de carácter religioso a los que acude mucha gente. Los cursos son conducidos por seminaristas y religiosas que vienen de Tlacoachistlahuaca. Antiguamente la comunidad perteneció a la parroquia de Igualapa, actualmente pertene a la parroquia de Tlacoachistlahuaca. Los sacerdotes católicos solo visitan el pueblo cuando ofician misas.

Estadística religiosa

La comunidad es visitada frecuentemente por grupos de personas que profesan otras religiones diferentes a la católica, la gran mayoría de la gente es católica. Los matrimonios se unen civil y eclesiásticamente, los niños son bautizados en el templo católico en su gran mayoría. El Censo de 2010 de INEGI, arroja los siguientes resultados;

Población con religión católica	1251
Protestantes, Evangélicas y Bíblicas diferentes de evangélicas	19
Población con otras religiones diferentes.	0
Población sin religión	18

Fiestas cívicas y religiosas

Las festividades más importantes corresponden al santoral católico, son financiadas por los mayordomos, quienes tienen a su cargo organizar y preparar las festividades con toda anticipación. En algunas festividades hay danzas, las cuales se ejecutan según el calendario siguiente:

MES	DIA	FESTIVIDAD	DANZA
Febrero	Movible	Carnaval	"**El Macho-Mula**" rito indígena en la Piedra del Macho.
Marzo	4-5	SR, SAN CRISTOBAL, Patrón del pueblo.	Hay un novenario de rezos, baile popular, jaripeo y Danzas invitadas.
Abril	24-25	SR. SAN MARCOS	"**DANZA DEL TORO DE PETATE**". Rito de petición de lluvia en la cima del cerro "El Cacalote"
JUNIO	MOVIBLE	DIA DE CORPUS	No hay
JUNIO	24-25	SAN JUAN BAUTISTA	No hay, en esta fecha hay cabalgatas y carreras de caballos.
JULIO	16	VIRGEN DEL CARMEN	No hay
JULIO	24-25	SR. SAN CRISTOBAL, Patrón del pueblo	Hasta hace dos décadas había "**DANZA DEL TIGRE**".
AGOSTO	6	SR. DEL PERDON	Procesión y Danza de la Conquista de México, infantil, en casa del mayordomo
SEPTIEMBRE	15 Y 16	Fiestas Patrias.	"**Danza Apache**", simulacro de batalla entre Apaches y Gachupines.
OCTUBRE	7	Virgen del Rosario	No hay, antiguamente había "**DANZA DE LA TORTUGA**".

OCTUBRE	31	DIA DE MUERTOS (Angelitos)	No hay, en todas las casas se hacen los altares y se ponen ofrendas.
"NOVIEMBRE	1° Y 2	FIELES DIFUNTOS	Ofrendas con comida y bebida
DICIEMBRE	7	Virgen de Juquila	**"DANZA DE LOS DOCE PARES DE FRANCIA" (Femenil)**
DICIEMBRE	11-12 Y 19 Y 21	Virgen de Guadalupe	**"Danza de la Conquista de México"**

En todas las fiestas religiosas se lleva a cabo una novena en el templo, la cual consiste en rezos matutinos durante nueve días, terminan en la víspera de las fiestas, los mayordomos ofrecen adornos y cirios a las imágenes, así como comidas a los asistentes. En algunas fiestas hay música, danza y juegos artificiales que corren a cargo del mayordomo. Cuando este termina su compromiso es nombrado uno nuevo por los encargados del templo. A veces hay voluntarios que tienen una promesa que cumplir y ellos mismos se ofrecen para ser mayordomos.

Las fiestas cívicas sor organizadas por el comisario en turno en coordinación con el Comisariado de Bienes Comunales y las diferentes escuelas de la comunidad.

CAPITULO IV
VIDA SOCIAL

Educación

La demanda educativa de la población es atendida por siete planteles educativos: un jardín de infantes, un Centro de Educación Preescolar indígena, dos Escuelas Primarias, una Secundaria Técnica, una Escuela Preparatoria Popular por cooperación y a partir del ciclo escolar 2014-2015 inició labores un Tele bachillerato.

Según el Censo General de población y vivienda del año 2010 del INEGI, la población escolar se distribuye de la siguiente manera:

Población de 3 a 5 años que no asiste a la escuela	7
Población de 6 a 11 años que no asiste a la escuela	0
Población de 12 a 14 años que no asiste a la escuela	0
Población de 15 a 17 años que asiste a la escuela	84
Población de 18 a 24 años que asiste a la escuela	47
Población de 8 a 14 años que no sabe leer y escribir	6
Población de 15 años y más analfabeta	232
Población de 15 años y más sin escolaridad	212
Población de 15 años y más con primaria incompleta	152
Población de 15 años y más con primaria completa	81
Población de 15 años y más con secundaria incompleta	55
Población de 15 años y más con secundaria completa	107
Población de 18 años y más con educación pos-básica	181
Grado promedio de escolaridad	6.09

La deserción y el ausentismo escolar son bajos, la mayoría culmina sus estudios primarios y de secundaria. Cuando hay ausentismo escolar se debe a casos de enfermedad o a que algunos niños se integran con sus padres a las actividades agrícolas, ganaderas o artesanales, pero es muy raro que esto ocurra.

Los casos de deserción más frecuentes se dan en el Nivel de secundaria, bachillerato o Superior y se deben generalmente a problemas económicos, a migración a los Estados Unidos o porque en algunos casos se unen en matrimonio a temprana edad.

A lo largo de la historia de la comunidad han existido varios centros educativos que han atendido la demanda educativa.

ESCUELA MUNICIPAL.

La primer escuela se fundó pasada la Revolución Méxicana y según informantes era atendida por maestros improvisados que solo enseñaban a leer y escribir, les pagaba el municipio sus honorarios, de entre ellos se recuerda al Sr. Melecio Santiago que era oriundo de la comunidad. Su método de instrucción fue el conocido Silabario de San Miguel.

ESCUELA PRIMARIA RURAL AFEDERAL "NARCISO MENDOZA"

El maestro Fernando y algunos de sus alumnos ciclo escolar 1957-1958

No se sabe con exactitud la fecha de fundación de esta escuela primaria, el dato más antiguo que se conoce es de 1957, siendo director en ese año el Maestro Fernando, originario de Ayutla y que se vino con todo y familia a radicar a la población. Existen versiones de que en principio la institución llevó el nombre de Josefa Ortiz de Domínguez.

Durante varias décadas funcionó como escuela multigrado, de organización incompleta, los niños y jóvenes que deseaban concluir la primaria se iban a la vecina comunidad de Santa María en el municipio de Ometepec. De los primeros estudiantes que hicieron carrera se recuerda al Lic. en Economía JUVENCIO DE LA CRUZ GALINDO, a los Profesores Victoriano Evaristo Benito, Nabor Gualberto de la Cruz Galindo, Pablo y Juvencio Díaz Oropeza, Fidel Guillén Arzola, Ninfo Pedro Rojas y Rafael Zavala Galindo.

La primera generación de este plantel egresó en junio de 1975, con un total de 11 alumnos, entre ellos: Eligio Roque de Cruz Alta y de San Cristóbal: Guillermo Urbano Navarrete, Bonifacio Arzola Leal, Faustino Leal Chávez, María Luisa Arzola Leal, Gloria Zavala, Dulcinea Caballero Hernández, Custodia Leal Castillo, Gloria Pedro Rojas, Concepción Hernández Catarino, Rufina Angel Sánchez. En junio del 2015 egresó la XL Generación.

Muchos han sido los directores que ha tenido el plantel, los que se recuerdan y sus respectivos periodos son los siguientes:

Profr. Fernando	1957
Rafael Alcaraz Chavarría	1972-1974
Faustino Díaz Pineda	1975

Benito Pérez Domìnguez	1976-1977
Macaria Suástegui Moreno	1992-1994
Marino Hernández Catarino	1995-1997
Julia Pineda Franco	1998-2003

La escuela ha sido antendida por profesores Normalistas, egresados de las Normales Públicas y privadas de la entidad, cabe citar el CREN de Iguala, La Normal Rural "Raúl Isidro Burgos" de Ayotzinapa, La Centenaria Escuela Normal del Estado, La Normal Rafael Ramírez y otras instituciones formadoras de docentes.

Asimismo la procedencia de los mentores es principalmente del mismo estado y que han venido también de otras entidades como Campeche, Coahuila, Tamaulipas y Oaxaca por citar algunos.

El personal de la Escuela ahora es estable y completo cuenta con buena infraestructura física, aulas didácticas, sanitarios, cancha techada, aula de medios, cocina escolar, Dirección y otros anexos. En un principio cuando era escuela multigrado, funcionó durante muchos años en el edificio que actualmente ocupa la Comisaría Municipal, fue hasta el año de 1977 cuando se trasladó a sus actuales instalaciones, su primer edificio constaba de cinco aulas de material industrial y techo de multipanel, antes del año dos mil se cambió el techo por loza de concreto. La escuela ha tenido en los últimos años mejoras significativas en su aspecto físico y en la atención al alumnado.

JARDIN DE NIÑOS "MANUEL AVILA CAMACHO"

En septiembre del 2015 se cumplen 34 años de vidas e historias infantiles, fue en el ciclo escolar 1981-1982 cuando se fundó el jardín de niños "Manuel A. Camacho", atendido desde su creación por educadores normalistas. Los gestores de este centro educativo fueron los Sres. Amadeo Domínguez Benito y Alejandrino Díaz Galindo, su primer Directora y docente, de Acapulco La Profra. Cecilia y su segunda Directora y Docente la distinguida maestra Rita González Moctezuma, de Ayutla de los Libres, a ella le correspondió sacar a la primera generación de alumnos.

Como todo centro educativo nuevo, abrió sus puertas por vez primera en el edificio que actualmente ocupa la comisaría municipal, pero las autoridades educativas en turno dieron prioridad a la construcción del edificio actual, fueron años de auge de la Educación Preescolar en el estado de Guerrero.

ESCUELA PRIMARIA BILINGÜE "LUZ DEL CAMPESINO"

EL 3 de octubre de 1988 se fundó la escuela primaria bilingüe "Luz del Campesino", la cual fue gestionada por distinguidos ciudadanos de la comunidad en coordinación con las autoridades en turno. Entre el equipo de gestores figuran los CC. Amadeo Domínguez Benito, Alejandrino Díaz Galindo, Fernando Zacapala Gil, Leonel García Cruz, Quinidio Hernández Leal, Fortunato Gómez Eutimio y Efraín Hernández Leal. Las constantes faltas de personal del otro plantel educativo originó la gestión de este establecimiento educacional. Como los otros centros educativos inició labores en el edificio que actualmente ocupa la comisaría municipal y el Centro de Salud

En 1991, la Escuela se trasladó a sus actuales instalaciones, fue el H. Ayuntamiento Municipal que autorizò la construcción de las cuatro primeras aulas y dos anexos, hechos de material industrial y techo con lámina de asbesto, siendo presidente municipal el C. JOSE LUIS LOPEZ. El 5 de mayo de 1993, se inauguraron los edificios A Y B, la plaza cívica y las letrinas. En el 2do.perìodo del C. Amando Ramos Brito, se construyó el cerco perimetral, por gestiones del Diputado local Rey Hernández García, se rehabilitó el cerco perimetral de acceso al plantel y se techó la cancha de basquetbol.

Los terrenos que ocupa la institución pertenecieron a los CC. Victoriano Evaristo Benito, Amadeo Domínguez Benito y Evaristo Atilano Hernández, quienes donaron parte de sus propiedades para la construcción del edificio.

Desde su fundación la escuela ha tenido un personal estable y completo, comprometido con la misión y visión de la misma. Se ha ido mejorando paulatinamente, se construyó una cancha de basquetbol, tiene un amplio patio con césped que hace las veces de cancha de futbol rápido.

Actualmente dentro de sus actividades tiene como línea estratégica rescatar la lengua nativa de la comunidad que ha caído en desuso en las jóvenes generaciones.

Desde la creación del plantel ha tenido los siguientes Directores:

NOMBRES	PERIODOS
Constantina Rodríguez Donaciano	1988
Margarito Mendoza Valdez	1988-1989

Romualdo Domínguez Cristóbal	1989-1991
Rafael Zavala Galindo	1991
Heladio Dominguez Cristobal	1992-2000
Florencia Emeterio de la Cruz	2000-2015

ESCUELA SECUNDARIA PARTICULAR INCORPORADA "EMILIANO ZAPATA"

El deseo de superación de muchos jóvenes y los escasos recursos económicos, dieron como resultado la gestión de una escuela secundaria para la comunidad, pero no fue fácil, la gestión fue muy tardada, mientras tanto un grupo de entusiastas profesores que trabajaban en las escuelas primarias y que estudiaban licenciaturas en educación secundaria decidieron iniciar con la prestación del servicio educativo, previa autorización de los Servicios Estatales de Educación Pública y fue así que el 9 de septiembre de 1991, se inauguraron las clases en la Escuela Secundaria Particular Incorpoda "EMILIANO ZAPATA", se sostuvo con las aportaciones que hacían los padres de familia para dar un apoyo a los docentes, Su director encargado el Lic. Romualdo Domínguez Cristobal. Este plantel funcionó sólo por un ciclo escolar, ya que para el año lectivo 1992-1993, en el mes de septiembre inició operaciones la Escuela Telesecundaria y los alumnos que cursaron el primer grado en esta naciente institución pasaron a cursar el segundo grado en la Escuela Telesecundaria

ESCUELA TELESECUNDARIA "NIÑOS HEROES"

Desde su creación en septiembre de 1992, esta noble institución estuvo a cargo del Lic. en Educación Telesecundaria Guillermo Urbano Navarrete, se nutría de alumnos provenientes de comunidades

41

circunvecinas, El Capulín, Cruz Alta, San Jerónimo y Rancho Cuananchinicha, su matrícula se fue incrementando cada vez mas hasta tener seis grupos en total, llegando a ser la Escuela Telesecundaria más grande de la zona y región por el número de alumnos y maestros que constituían la planta docente. Inició labores también en la actual comisaría municipal y al año de su creación se construyó el edificio en el terreno donado por el Profr. Heladio Domínguez Cristóbal.

Durante su permanencia en la comunidad, la escuela recibió numerosos reconocimientos, por sus logros en los aspectos académicos y culturales, muchos de sus egresados ejercen diversas profesiones en instituciones públicas y privadas. Cerró actividades en el ciclo escolar 2001-2002, una vez que la Escuela Secundaria Técnica abrió sus servicios en la población.

CENTRO DE EDUCACION PREESCOLAR INDIGENA "JUSTO SIERRA"

Este Centro de Educación Preescolar Indígena, abrió sus puertas a la comunidad desde septiembre del año dos mil, en aulas prestadas por la Escuela Primaria Bilingüe "LUZ DEL CAMPESINO", desde sus inicios ha estado a cargo de la Dirección del plantel la Profra. Rosalba Díaz Oropeza, el Centro se autorizó siendo supervisor de la zona escolar 080 de Educación Indígena el Lic. Heladio Domínguez Cristóbal.

La matrícula es pequeña en relación al otro Jardín de Niños que existe en la comunidad, pero su personal es estable y cubre las necesidades básicas de atención. Su edificio es nuevo, moderno y funcional.

ESCUELA SECUNDARIA TECNICA "FRANCISCO I. MADERO"

Un equipo de ciudadanos comprometidos con el progreso de la comunidad, desde finales de los años ochentas, inició la gestión de una escuela Secundaria Técnica, la respuesta fue negativa, las autoridades educativas argumentaban que la matrícula de alumnos era insuficiente, que además no se cubrían todos los requisitos y en respuesta enviaron un oficio de autorización para una Escuela Telesecundaria en septiembre del año de 1992.

La gestión continuo su curso y para el año 2002, se autorizó la Escuela Secundaria Técnica, siendo uno de los principales promotores de su creación el Lic. Guillermo Urbano Navarrete, la nueva institución inicio sus trabajos en el edificio de la Escuela Telesecundaria, del cual se apropió desde su creación.

La escuela se autorizó estando al frente de la Supervisión de Escuelas Secundarias Técnicas de Ometepec, el conocido Maestro Delfino Aguirre Rivero. Poco a poco la institución se ha ido mejorando, se han hecho modificaciones a la estructura física, se han rehabilitado espacios y se han construido nuevos anexos, este año por fin se le construyó una cancha de basquetbol y se logró también el techado de la misma.

La matrícula ha sido alimentada con alumnos egresados de las escuelas primarias del pueblo, pero también de las comunidades de Rancho Cuananchinicha en sus inicios y de San Jerónimo, Cruz Alta y el Capulín del mismo municipio.

ESCUELA PREPARATORIA POPULAR
POR COOPERACION

No todos los jóvenes de la comunidad tenían la oportunidad de realizar sus estudios de preparatoria, por escasos recursos económicos, los estudiantes que así lo deseaban tenían que trasladarse a la vecina población de Santa María, a la ciudad de Ometepec, Acapulco o Chilpancingo, quienes tenían familiares en esas ciudades o bien buscaban algún trabajo para sostener sus estudios. Muchos jóvenes sólo se quedaban con estudios de secundaria y no podían continuar.

A iniciativa del Lic. Armando Díaz Oropeza, oriundo de la población, la escuela inició labores en el año 2003 como grupo periférico dependiente de la Universidad Autónoma de Guerrero, cuenta con una matrícula aproximada de 60 alumnos, varios egresados han realizado carreras profesionales, inició sus actividades en el turno vespertino el cual conserva hasta la actualidad, el Jardín de Niños Manuel Avila Camacho, prestó una de sus aulas para que se impartieran las primeras clases, después funcionó en una casa particular hasta establecerse en su actual edificio que se ubica en lo que antiguamente era la parcela escolar de la Escuela Primaria Narciso Mendoza. El plantel se sostiene con cuotas que aportan mensualmente los padres de familia.

TELEBACHILLERATO COMUNITARIO
SAN CRISTOBAL.

Fue en el mes de agosto del 2014, cuando en el pueblo se conoció la noticia de la autorización de un Telebachillerato comunitario, como una alternativa gratuita para la educación media superior de los jóvenes. Inició labores en septiembre del mismo año, con tres profesores a cargo y una matrícula inicial de aproximadamente 12 alumnos. El edificio que alberga la institución es la Comisarìa Municipal, mientras se construyen sus instalaciones propias.

OTROS PROFESIONISTAS

Existen ya muchos profesionistas que con grandes sacrificios han realizado sus carreras profesionales y ejercen en instituciones públicas y privadas, entre ellos se citan las siguientes profesiones.

- 2 Médicos cirujanos y parteros.
- 1 Odontóloga
- 2 Ingenieros civiles.
- 3 Licenciados en Economía.
- 1 Licenciado en Ciencias de la comunicación.
- 1 Teniente de infantería.
- 1 Licenciado en Administración de empresas.
- 2 Médicos Veterinarios Zootecnistas.
- 2 Ingenieros Agrónomos.
- 4 Contadores Públicos
- 2 Licenciadas en Psicología Social.
- 5 Abogados
- 4 Licenciados en Educación Secundaria.
- 1 Licenciado en Educación Superior.
- 4 Licenciadas en Enfermería.
- 1 Licenciado en Filosofía y Letras
- 1 Licenciada en lenguas extranjeras.
- 3 mecánicos automotrices.
- 52 Licenciados en Educación Primaria, la mayoría ejerce en el medio indígena, gracias a que dominan el idioma mixteco.
- 14 Licenciadas en Educación Preescolar.

Además de estos profesionistas se preparan muchos jóvenes en diferentes carreras técnicas y universitarias, en fisioterapia, en informática, en ingeniera en gestión empresarial, en medicina, en Nutrición y Ciencias de los alimentos, en odontología, en Gestión y Gobierno municipal, en Desarrollo comunitario y Licenciatura en Danza Regional 4 paisanos han cursado el grado de maestría, en educación y en otras áreas.

OTROS PROGRAMAS EDUCATIVOS Y DE CAPACITACION

El Instituto Nacional para la Educación de los Adultos (INEA) puso varios programas intensos de alfabetización y primaria para adultos.
El INEA también ha traido programas de capacitación para artesanos, cuyo objetivo ha sido la innovación en la producción de la alfareria.
El anteriormente INI, Instituto Nacional Indigenista hoy CDI, también ha llevado recursos y capacitación para hacer mejoras en la comunidad.

Higiene pública

Siendo la comunidad de tipo rural, era poco frecuente que sus calles y callejones se encontraran limpios, debido en parte a que muchos animales domesticados andaban sueltos por las calles. Con el programa PROSPERA, las beneficiarias contribuyen eficazmente a mantener una comunidad con sus calles y callejones limpios, hay un pequeño camión recolector de basura que los días domingos da servicio gratuito a la población. La pavimentación de las calles, el drenaje y el alumbrado público dan una nueva imagen a la comunidad, la cual ha adquirido recientemente la CERTIFICACION de comunidad limpia y saludable.

Grupos de trabajo existentes

Existieron en otros tiempos los siguientes grupos de trabajo:

- La Unidad Agrícola Industrial para la Mujer (UAIM), estuvo integrada por mujeres campesinas y alfareras, conservan una parcela propia del grupo desde el año 1984.
- El Comité de Administración de la Camioneta del Pueblo, hoy extinto.
- La Sociedad de Solidaridad Social "orgullo mixteco", obtuvo un crédito para invertir en el campo y producían ganado de engorda, leche y queso.

En la actualidad existen:

- el H. Comité de Reconstrucción del Templo Católico, el templo nuevamente quedó afectado por un sismo reciente y se demolió en su totalidad el edificio, está actualmente en proceso de reconstrucción con un nuevo Comité a cargo.
- El Comisariado de Bienes Comunales y el Consejo de Vigilancia que es un grupo electo mediante Asamblea General de Comuneros y dura en el cargo tres años.
- Existen pequeñas cooperativas integradas por hombres y mujeres y que producen aves de corral, ganado porcino y caprino. Obtienen créditos de instituciones de gobierno o bien

de Financieras privadas que cobran un alto porcentaje de intereses a los beneficiados.

Servicios públicos

La comunidad cuenta con los siguientes:

Luz eléctrica, agua entubada, drenaje, calles asfaltadas, comisaria y caseta telefónica de larga distancia, Policia municipal, cuenta con 60 líneas telefónicas en domicilios pero su servicio es muy irregular y tienen poco mantenimiento. Hay servicio de T.V. por cable y mediante recepción satelital.

Índice de natalidad y mortalidad

En los últimos años se ha registrado un descenso en el índice de natalidad en virtud de que muchas parejas han optado por métodos anticonceptivos para el control de la misma.

Es extremadamente raro que los últimos años se registre mortalidad infantil. Hay mayor incidencia de mortalidad adulta, debida principalmente a enfermedades crónico-degenerativas.

Emigración e incorporación a otros patrones socio-culturales

Las personas que han emigrado a centros urbanos se aculturan; hablan mejor el español, se visten a la moda y manifiestan que ya no se adaptan a la vida de la comunidad. Por nulas oportunidades de empleo tienen que regresar a los centros urbanos, donde muchos se han vuelto residentes permanentes. La tendencia actual es emigrar hacia los Estado Unidos en busca de una mejor calidad de vida.

Formas habituales de convivencia social

La gente convive habitualmente en las reuniones familiares, en las bodas, bautizos o cumpleaños, también en fechas importantes como la Navidad y Año Nuevo, asi como en las Fiestas Tradicionales. En los convivios casi siempre hay comida, bebida y música para bailar, ya sea grabada o música viva. Se convive también en las mayordomías donde acude una gran cantidad de gente para ayudar al mayordomo.

Otra de las formas de convivencia son los bailes que se organizan para la obtención de fondos, también los deportistas conviven en los eventos deportivos que tienen lugar en la población en fechas variables. Todas las tardes grupos de jóvenes y adultos, acuden a la cancha deportiva a participar en los encuentros de basquetbol o simplemente para estar como espectadores.

Modos frecuentes de solucionar conflictos

Una de las prácticas habituales para la solución de conflictos es la solidaridad. En algunas ocasiones la gente se ha reunido para perseguir ladrones o asaltantes. Para los conflictos familiares, se busca un intermediario que hace las veces de abogado, en ello participan personas reconocidas de la comunidad. Otros conflictos requieren de la intervención de las autoridades competentes y se solucionan generalmente en Tlacoachistlahuaca y Ometepec.

Valores sociales más compartidos

Siendo la mayoría de la población de clase humilde, se observa un predominio de los valores morales, como el respeto a los mayores, la forma especial de saludar y la solidaridad en casos especiales como alguna mayordomía o algún otro acontecimiento dentro del ámbito familiar y comunitario.

En su mayoría, las familias hacen un esfuerzo por mejorar y lograr para los hijos una situación socio-económica y cultural superior. Esperan que sus hijos finalicen sus estudios de secundaria para que puedan ir a la preparatoria, o bien hacer una carrera técnica que les permita incorporarse al campo de trabajo, para ayudar económicamente a la familia. Lo que más admiran en los demás es el esfuerzo y el progreso, y lo que menos valoran es la despreocupación, el desinterés y la falta de apoyo en las actividades tendientes a mejorar la vida comunitaria.

El tequio o faena (trabajo colectivo que realizan los ciudadanos de este lugar, sin remuneración económica) se realizaba hasta hace algunos años para dar mantenimiento a la brecha que era de terracería, reparar las construcciones de carácter público entre otras actividades.

Problemas de mayor incidencia en la zona

De acuerdo con lo que me he enterado a través de comentarios que han hecho los pobladores de este lugar, y/o con lo que he observado, los problemas de mayor incidencia en la zona son los siguientes:

> ➤ Provocación de incendios forestales
> ➤ Caza de animales en peligro de extinción.

Prensa, radio y televisión

Solo esporádicamente llegan los periódicos editados en la región

Durante el día se escuchan solo dos emisoras de radio una con sede en Ometepec, esta es la XEGRM RADIO GUERRERO que transmite diversos programas, algunos de ellos en amuzgo, mixteco y español. La otra emisora es de Xochistlahuaca, que transmite también en forma bilingüe, Mucha gente escucha la radio pero todas en AM.

Los canales de T.V. que pueden verse con cierta regularidad son el canal de las estrellas y Azteca 13, Hay servicio de T. V. por cable y de recepción satelital para quienes pueden pagar los servicios.

HISTORIA

Crónica histórica

Los primeros asentamientos humanos se pierden en la memoria colectiva ya que al entrevistar a numerosos ancianos de la comunidad contestaron que no sabían quiénes fueron los primeros pobladores. Sin embargo, por los vestigios arqueológicos existentes en el poblado, en la cima del Cerro Moctezuma, los primeros asentamientos humanos en estas tierras se establecieron en la época prehispánica. La lengua mixteca predominante en el pueblo es, sin duda, herencia del pueblo mixteco que habitó en el valle en el cual se encuentra la comunidad de San Cristóbal. En algunos lugares se han encontrado objetos de origen prehispánico, como figurillas, malacates y partes de objetos diversos, los cuales dan como testimonio la presencia de pobladores en la época precortesiana.

Los mixtecos vinieron del vecino estado de Oaxaca, de una región que se llamaba Mixtecapan que quiere decir "país de las nubes", se asentaron en la montaña y costa chica. Los mixtecos veneraban principalmente al dios del maíz, eran excelentes orfebres, es decir, trabajaban los metales como el cobre y el oro de una bella manera. Fueron grandes pintores, elaboraron códices donde escribían los acontecimientos más importantes de su grupo. (Bahena Salgado 1993,)

Así mismo, con la revisión bibliográfica que realicé me enteré de que durante el Movimiento de Independencia, en San Cristóbal, el Tte. Corl. LUIS ANTONIO POLANCO combatió a los insurgentes de la costa del sur. (Lòpez Barroso 1967)

Al gestarse el movimiento independiente, muchos pueblos asentados en esta región tuvieron participación en él, como ejemplo tenemos al valiente Gral. JUAN DEL CARMEN, oriundo del Rancho Cuananchinicha, quien luchó al lado del Gral. VICENTE GUERRERO, consumador de la Independencia de nuestro país.

Durante la revolución mexicana, es evidente que San Cristóbal era ya una cuadrilla bien establecida. El anciano hoy fallecido, Romualdo Agapito Chávez Saavedra (q.e.p.d) cuando aún vivía, platicaba que él y otros señores formaron parte del ejército revolucionario. En aquel entonces, por el año de 1910, todos los hombres de la comunidad vestían calzón y cotón de manta, las mujeres el típico huipil hecho en telar de cintura y enahuas de varios colores. Las casas eran de forma circular con techo de zacate en forma de cono. Poco se hablaba español, la lengua con la que se comunicaban era el mixteco principalmente, aunque también había algunos habitantes hablantes de amuzgo y español.

Los terrenos ocupados por San Cristóbal, pertenecieron en la antigüedad a Doña Teresa de Jesús, quien los vendió en el año de 1826 a Don Ignacio Zamora, según escritura registrada el 18 de enero de 1888 en Ometepec, Guerrero. Doña Lorenza Méndez de Zamora, Rafael, Francisco, Ignacia y Josefa Zamora, vendieron en 1888 los terrenos que eran de su propiedad a los Sres. JUAN ESTEBAN MORALES Y JOSE ENCARNACION, ambos representantes de la sociedad agrícola y ganadera de San Cristóbal, el terreno fue comprado por estos señores por la cantidad $800.00 (ochocientos pesos) y en el documento de compre-venta se señalan varios linderos cuyas medidas entre uno y otro punto están calculadas en leguas. Entre los linderos que menciona el documento se encuentra el YESTEPEC, ubicado hacia al poniente de los terrenos de Igualapa, hacia al sur colindaba con los terrenos pertenecientes en la antigüedad al colegio de niñas educadas en Oaxaca, los testigos instrumentales de compra-venta fueron los CC. Rafael Polanco y Antonio Añorve Ramos. (Archivo del Comisariado de Bienes Comunales, San Cristóbal, Tlacoachistlahuaca, Gro. s.f.)

Durante algún tiempo en la antigüedad, vecinos informan que la comunidad se llamó la cuadrilla del Rosario.

Antes de que se erigiera el municipio de Tlacoachistlahuaca, los pueblos de Cuananchinicha, San Cristóbal, Minas, San Martìn, San Pedro, Yoloxáchitl, Rancho Viejo, Terrero de Venado,

Jicayán y San Miguel pertenecían al municipio de Xohistlahuaca; pero cuando se creo el municipio de Tlacoachistlahuaca (11 de mayo de 1872), entonces aquellos poblados pasaron a formar el municipio de Tlacoachistlahuaca, y el municipio de Xochistlahuaca, quedó solo con Xochistlahuaca su Cabecera y los pueblos de Cosoyoapan y Huehuetono. (López Barroso 1967)

Otros datos de interés histórico para la comunidad son los siguientes:

En San Cristòbal se encuentra un campo aéreo, hoy convertido en campo de futbol, que se inauguró el 30 de diciembre de 1948, siendo Comisario Municipal, el C. Aurelio de la Cruz, habiendo aterrizado por primera vez una avioneta que piloteaba el Sr. Teodoro Moreno, a quien acompañaban el Dr. Daniel Añorve y el Profr. Andrés Bustos, como invitados. Este campo se abrió a iniciativa del progresista párroco de Igualapa, señor Jesús López Añorve y del C. Jefe del Batallón de Reservas de Ometepec, Tte. Corl. Jesús Monroy Eslava, quien impulsó esta obra. (López Barroso 1967)

El dato más antiguo que se encontró de la Escuela Primaria Rural Federal "Narciso Mendoza", es del año 1957-1958, su Director el Maestro Fernando.

Según el Censo de 1960, San Cristóbal tenía 618 habitantes, perteneció durante mucho tiempo a la parroquia de Igualapa, Según López Barroso(1967) sus hombres son madereros y con frecuencia bajan a Ometepec con vigas, morillos y otates para construcciones de casas de adobe y techo de teja y madera. Se dedican también sus hombres a la siembra y cultivo del arroz, que apilan de un modo especial, para dejar el grano entero. Esta industria es para ellos una fuente, segura de ingreso. También se dedican a la alfarería y sus productos son de una estructura preciosa, y además, fuerte.

Durante el tiempo que el pueblo tuvo el servicio de avionetas para transportarse, también contó con servicio de telefonía rural.

En 1971 se introdujo la luz eléctica en la población, para esas fechas se abrió la brecha que comunicaba con la vecina población de Santa María del municipio de Ometepec.

En el ciclo escolar 1981-1982, llega el servicio de Educación Preescolar a la población, abre sus puertas el Jardín de Niños "Manuel Avila Camacho"

En 1982 se introdujo el servicio de agua entubada por gravedad que baja todavía de una ciénega ubicada en el cerro la Mixteca.

En 1983, llega la primer Televisión a la comunidad.

En septiembre de 1985, un sismo daña considerablemente el templo católico, el cual se reconstruye a principios de los años noventa.

En 1993, se reinstala el Servicio Telefónico en la población con dos líneas disponibles.

Leyendas

Unas de las leyendas que cuentan todavía los abuelos, siguiendo una tradición oral, dice:

... Hace muchísimos años, en la cima del cerro Moctezuma, se estaba construyendo un templo, cuando la construcción tenía ya cierto avance, temblaba y todo se derrumbaba, se volvía a construir y nuevamente temblaba, enojados los trabajadores, decidieron investigar qué era lo que provocaba el temblor y fue entonces cuando descubrieron que era una piedra enorme la que se movía y lo producía, posteriormente, un indio, armado con arco y flecha estuvo vigilando la piedra mientras se seguía trabajando para partirla, justo el momento en que comenzara a moverse, cuando esto sucedió, el indio le tiró a la piedra y la partió por la mitad, en ese momento un águila iba a posarse en un nopal, en las cercanías donde se estaba trabajando, pero como se asustó, emprendió el vuelo y voló a la ciudad de México...

Creencias

En San Cristóbal se cree en seres espirituales que dominan a la naturaleza y que influyen en la vida de los seres humanos, como es el caso de la chaneca, ser femenino que se aparece a cualquier hora y que asusta con el aspecto horroroso que presenta. Se cree también en Satanás. Como en muchas de las comunidades indígenas de nuestro país, en San Cristóbal se cree también en la existencia del animal compañero de cada persona: Tono o Nahual que tiene un destino paralelo al ser humano y es considerado como su alma animal.

La brujería era considerada como una de las causas principales de las enfermedades. A los enfermos se les prohíbe algunos alimentos que son considerados como fríos o calientes. El susto provoca la pérdida del alma, cuando esto sucede el enfermo o sus familiares contratan los servicios de un brujo para que realice una ceremonia en casa del enfermo o en el lugar donde se llevó a cabo el susto. Existen otras enfermedades como el coraje, los chincuales, el mal aire y el mal de ojo, que afecta principalmente a los niños. Cuando una persona enferma constantemente se busca un lugar apropiado generalmente un arroyo o la cima de algún cerro o lugar sagrado para hacer un rito especial con el sacrificio de un animal, como ofrenda a seres espirituales para devolverle la salud a los enfermos.

Formas de organización social

La comunidad sigue la organización social que rige a las comunidades del país, según la ley. No existe en ella el consejo de Ancianos, éste ha desaparecido, hasta hace poco existió el grupo de Principales. Antaño en la comisaría estaban las varas de mando, el grupo de poder mas importante era el consejo de ancianos o grupos de principales, el cargo mas elevado era el de Comisario Municipal y el de menor importancia era el de topil, pasando desde luego por el de policía y comandante, los topiles eran generalmente jóvenes que prestaban sus servicios a la comunidad y funcionaban como asistentes de las autoridades en turno entre sus funciones principales estaban el de llevar y traer recados, dar avisos, asear la comisaría municipal y realizar cualquier otra actividad que se les encomendaban.

Los asuntos que no pueden solucionarse en la comunidad se turnan al H. Ayuntamiento de Tlacoachistlahuaca, para su seguimiento y solución.

Relación de autoridades (Comisarios municipales)

Los datos que se pudieron rescatar fueron los siguientes:

PERIODO	NOMBRES
1948	Aurelio de la Cruz
1963	Martín Galindo
1968	José Arzola Díaz.
1970	Amadeo Domínguez Benito
1971	Melecio Santiago
1973	Santiago Hernández Brito.
1974	Juan Francisco de los Santos
1975	Otilio Modesto.
1980	Rafael Arzola Díaz
1982	José Luna Ramìrez
1983	Lauro de Jesús Catarino
1984	Rafael Arzola Díaz
1985	Leonel Carmona Herrera
1986	Efraín Hernández Leal.
1987	Carmelo Sánchez Urbano
1988	Amadeo Encarnación Valentín
	Suplente Quindío Hernández L.
1989	Romualdo Guadalupe Atilano
1990	Rodrigo Modesto
1991	Isidro Hilario Jiménez
1992	Victoriano Evaristo Benito
1993	Emiliano Modesto Urbano
1994	Luciano Gran deño Urbano
1995	Floríberto Delfino Cruz
1996	Ernesto Cristóbal Valentín.
2012-2013	Pantaleón Arzola Francisco
2013-2014	Arnulfo Leal Castillo
2014-2015	Aristeo Encarnación Gómez
2015-2016	Dr. Ulises Cristobal Luna

Para la elección de comisarios municipales participan todos los ciudadanos de la comunidad mayores de 18 años, generalmente se presentan 2 planillas y el voto es libre y abierto. Las plantillas son presentadas por representantes de los partidos políticos que existen en la población. El periodo de un comisario municipal es de un año. En los últimos años se elige una terna para tres años consecutivos y un suplente, de manera que en la actualidad las elecciones se llevan a cabo cada tres años, el segundo domingo de agosto.

Relación de autoridades (comisariados de bienes comunales)

Tanto el Consejo de Vigilancia, como el Comisariado de Bienes Comunales, tienen un periodo de tres años. Son nombrados en asambleas generales convocadas con toda anticipación, en las que participan únicamente comuneros reconocidos que cuentan con certificados de derechos agrarios. El procedimiento de la elección también es por planillas y el voto es secreto, se deposita en urnas improvisadas. Los datos que pude rescatar sobre este tema son los siguientes:

PERIODO	NOMBRES
1970	Abraham García.
1973	José Arzola Dìaz
1976	Benito Zavala Cruz
1980	Amadeo Domínguez Benito
1984	Alejandrino Díaz Galindo
1987	Ernesto Cristóbal Valentín.
1990	Leonel García Cruz
1993	Amadeo Encarnación Valentín

1996	Lauro de Jesus Catarino
2010	Ricardo Hipólito
2013	Emiliano Modesto Urbano
2015	Rutilo Angel Sánchez.

Ciudadanos destacados

Como en toda sociedad, en San Cristóbal existen ciudadanos que se han destacado por sus cualidades y por los servicios que han prestado a la población; algunos de ellos han fallecido. En estas líneas hago un merecido reconocimiento por haber puesto en alto el nombre de su pueblo.

DANIEL V. NAJERA. (+)

Se desconocen muchos datos de su biografía, pero el apellido Nájera lo lleva aún una descendiente de la familia, De origen muy humilde llegó a ser un destacado profesor que prestó servicios en el Colegio del municipio en la cabecera Municipal, en la época de la Revolución, además de Profesor fue pintor, se le atribuye la autoría de la imagen de la Virgen de Guadalupe, que aún se conserva en el templo católico, esta imagen lleva su firma en el margen inferior izquierdo que textualmente dice: Daniel V. Nájera, San Cristóbal, 1911.

Se desconoce donde estudió y cual fue su domicilio, una fuente indica que antes de trabajar en la cabecera municipal tenía en la comunidad una alfarería que era de su propiedad.

SR. MELESIO SANTIAGO. (+)

De joven fue maestro municipal y enseñó a muchas generaciones a leer y escribir. Cuando aún la comunidad no tenía escuelas, trabajó como voluntario y a cambio de ello los padres de familia lo gratificaban con maíz y frijol. Posteriormente ocupó cargos importantes en la población. Fue Comisario Municipal en 1971, realizó diversas gestiones y se destacó por el esmero con que organizaba los festivales cívicos y religiosos. Sus restos descansan en el panteón local.

SR. MARINO HERNANDEZ GALINDO
(1923/2005)

El Sr. Hernández fue famoso en el pueblo por su letra tipo palmer que escribía con un estilo muy particular. Cursó hasta el segundo grado de primaria, fue un excelente dibujante, hablaba tan bien el español como el mixteco, considerado el cronista de la comunidad. Ocupó cargos importantes, fue Comisario Municipal y Presidente del Comisariado de Bienes Comunales; en su periodo inició ante la SECRETARIA DE LA REFORMA AGRARIA las gestiones para obtener los planos definitivos de los terrenos de la comunidad. A su cargo tenía cada año la elaboración de las cartillas de los diferentes personajes de la Danza de la Conquista de México, las cartillas consisten en un cuaderno que contiene los parlamentos de cada uno de los integrantes de la danza. Fue Presidente del H. comité de reconstrucción del templo católico, su mayor deseo era la construcción de las torres del templo, las cuales se iniciaron en marzo de 1996 y se terminaron en mayo del mismo año. El templo católico de la comunidad sufrió severos daños con el sismo de marzo del 2012 y fue demolido en el mes de abril del 2014 iniciando su reconstrucción en mayo del mismo año. El tío Marino, como se le conoció, falleció en San Cristóbal, el 24 de abril del 2005 y sus restos reposan en el panteón municipal de la misma comunidad.

SR. AMADEO DOMINGUEZ BENITO
(1945/2003)

Don Amadeo Domínguez Benito, fue hijo de la Sra. Epigmenia Benito Brito y del Sr. Julio Domínguez de Ometepec, nació el día 12 de febrero de 1945 y falleció el día 20 de enero del 2003. Cursó solamente hasta el segundo año de primaria en su pueblo natal, pero tuvo buen dominio de la lectura y la escritura, así como gran facilidad de palabra tanto en español como en Mixteco que lo llevó a ocupar diversos cargos en el pueblo, fue comisario municipal en 1970 y Presidente del Comisariado de Bienes Comunales en 1980. En su período se introdujo la luz eléctrica entre otros beneficios. Fue conocido intermediario en asuntos de enlaces matrimoniales, maestro de la danza de la conquista, de los doce pares de Francia, la Danza de los Apaches y Gachupines, la Danza del Tigre entre otras. Ya adulto aprendió a tocar el clarinete y formó una pequeña banda de música de viento que amenizaba las fiestas del pueblo, formó una familia numerosa y se preocupó porque sus descendientes llegaran a ser profesionistas. Se le recuerda por las diferentes gestiones a favor del progreso del pueblo, como el Jardín de Niños "MANUEL AVILA CAMACHO" que gestionó con la participación del Sr. Alejandrino Díaz Galindo. Falleció en San Cristóbal en el mes de enero del 2003, a la edad de 57 años y sus restos reposan en el panteón municipal del pueblo que lo vio nacer.

SR. ALEJANDRINO DÍAZ GALINDO (1931/2011)

El Sr. Díaz Galindo fue originario de la comunidad de San Cristóbal, nació el día 28 de febrero de 1931 y falleció en la misma comunidad el 11 de septiembre del año 2011. Ciudadano distinguido, ocupó los cargos de Comisario Municipal y Presidente del Comisariado de Bienes Comunales, Sabía leer y escribir, hablaba con igual competencia tanto el mixteco como el español, orador nato, pedidor, consejero y asesor de las autoridades en turno. Se distinguió como pedidor o intermediario en asuntos de matrimonio, maestro de la danza de la conquista, tuvo una familia numerosa y todos sus hijos son profesionistas.

SR. BARTOLO BRITO GALINDO

Anciano de aproximadamente 90 años de edad, Fue un músico destacado, trompetero y conoce el repertorio musical de todas y cada una de las danzas que se festejan en la población, así mismo conoce un amplio repertorio de chilenas, sones, danzones y cumbias (éste es el ritmo que más gusta a las poblaciones de esta región). De pequeño estudió solfeo y aprendió a tocar diversos instrumentos especializándose en la trompeta. Por su edad avanzada dejó la música, vive actualmente con su familia en la comunidad.

SRA. SARA GALINDO

Vive actualmente en la comunidad, es Cantora, catequista e Instructora de pastorelas que cada año participan en la Navidad. Fue de las primeras mujeres del pueblo que aprendieron a leer y escribir. Se ha destacado por el esmero con que diseña los nacimientos durante las fiestas decembrinas.

PARTIDO DEL TRABAJO

Súmate

Rey PT
Hernández
PRESIDENTE

PROFR. REY HERNANDEZ GARCIA
1966-2010

El Profr. HERNANDEZ GARCIA, nació el día 6 de enero de 1966, en la comunidad de San Cristóbal, municipio de Tlacoachistlahuaca, Guerrero, hijo primogénito del matrimonio formado por el Sr. Quinidio Hernández Leal y de la Sra. Ángela García Cruz, ambos de origen humilde y que procrearon 8 hijos. Desde temprana edad se destacó en el ámbito académico, inició y concluyó su escolaridad primaria en su tierra natal, en la Escuela Primaria Rural Federal "NARCISO MENDOZA" en el período comprendido de 1972 a 1978. Posteriormente se trasladó a la ciudad de Ometepec, Guerrero y se matriculó en la Escuela Secundaria Federal "CUAUHTEMOC", donde culminó en junio de 1981 sus estudios de Secundaria. Siendo de cuna humilde en ocasiones tuvo que trabajar para sostener sus estudios. En la misma ciudad de Ometepec, cursó los estudios de preparatoria en la Escuela Preparatoria Núm. 5 dependiente de la UNIVERSIDAD AUTONOMA DE GUERRERO, se inclinó por el Bachillerato en Ciencias Formales Experimentales, nivel que concluyó con éxito y con un alto promedio académico en junio de 1984.

Al terminar la preparatoria tuvo la necesidad de trabajar y su primer empleo lo consiguió en la SECRETARIA DE DESARROLLO RURAL, desempeñándose como Técnico en Desarrollo Rural, trabajo en el que tuvo contacto con las comunidades marginadas de la región y con organizaciones campesinas, conoció de cerca los problemas más agudos de los pueblos campesinos e indígenas, iniciando así una larga trayectoria en la lucha por mejorar las condiciones de vida de los más desfavorecidos.

En septiembre de 1986 ingresó al servicio de Educación indígena como Promotor Cultural Bilingüe y ejerció la docencia en comunidades pertenecientes a la entonces zona escolar número 050 con sede oficial en San Pedro Cuitlapan municipio de Tlacoachistlahuaca, Guerrero. En el ejercicio de la docencia se graduó como Licenciado en Educación Primaria para el medio Indígena, en el subcentro Ometepec, de la Universidad Pedagógica Nacional.

El 14 de abril de 1990 contrajo nupcias, en su tierra natal, con la Profesora Bilingüe Oralia Domínguez Cristóbal, con quien tuvo dos hijos José Erick Sandino y Annel Hernández Domínguez.

Fueron diversos los cargos públicos que ocupó el Profr. Hernández García, entre los que destacan:

- Presidente de la Unión Regional de ejidos de Costa Chica, de 1998 al 2001,
- Director del Centro Coordinador Indigenista, en el período del 2001 al 2002,
- Coordinador Responsable de la Planta envasadora de miel en Ometepec, Guerrero.
- Presidente Municipal Constitucional de Tlacoachistlahuaca, Guerrero, en el período 2002-2005, por el PARTIDO DEL TRABAJO.
- Diputado Local de representación proporcional en la LVIII legislatura.
- Candidato a diputado federal por el V distrito con sede en Tlapa, en el 2009.
- Suplente de Ifigenia Martha Martínez Hernández, Diputada Federal de Representación proporcional por el 04 distrito, circunscripción del Distrito Federal.
- Dirigente estatal del Partido del Trabajo en Guerrero, hasta la fecha de su muerte.

En su larga trayectoria política y laboral, realizó innumerables viajes al interior de la república y al extranjero, ha sido el primer ciudadano de San Cristóbal que viajó a Londres, Inglaterra, a Vietnam y a Cuba. Cursó en años recientes un diplomado en Oratoria en el Distrito Federal a donde viajaba cada fin de semana. Fue conocido como un hombre sencillo, culto, educado, amigable y llevó consigo siempre valores como la humildad, la solidaridad y la sinceridad. En los diversos cargos que ocupó se caracterizó por los apoyos brindados a las comunidades tanto de su municipio como fuera de él, en su gestión se realizaron diversas obras que han quedado como testimonio vivo de la visión de un hombre que contribuyó enormemente a la transformación de su municipio, uno de los más pobres del país.

Falleció el día 25 de abril del 2010, en la ciudad de Ometepec, Guerrero, a los 44 años de edad, sus restos descansan en el jardín del templo parroquial del pueblo que lo vio nacer.

CAPITULO V
VIDA CULTURAL

Lenguas que se hablan

El idioma mixteco que todavía se habla en la población, pertenece al grupo Otamangue, tronco savizaa, familia mixteca y es una lengua semitonal en la que una misma palabra tiene distintos significados según como se pronuncie, cuenta con variantes dialectales que a veces imposibilitan la comunicación entre los pueblos. (Schefler 1986)

Las nuevas generaciones han perdido este valor cultural, reduciéndose su uso a personas adultas.

La Escuela Primaria Bilingüe Luz del Campesino está realizando una importante labor al tratar de rescatar la lengua que ha caído en desuso para las nuevas generaciones.

Modismos más frecuentes

MODISMO	SIGNIFICADO
Arrecho	Persona alegre, provocativa
Camagua	Mazorca en un estado entre tierno y macizo.
Cuita	Excremento, estiércol.
Coche	Cerdo, marrano.
Chague	Sembradío de maíz a base de riego.
Chimar	Dar forma a un pedazo de madera
Chingar	Golpear, pegar
Chiquitillo	Niño, bebé
Chiche	Pezón
Chilatole	Atole de elote de sabor dulce y picante
Guindar	Atar, colgar
Guilo, guila	Que tiene dificultades para caminar
Lejìa	Maíz hervido para preparar la masa.

Liñar	Pelar, descascarar
Mayordomo	Cargo religioso importante, que financia una festividad religiosa.
Manga	Antiguamente era un cerco temporal elaborado con palos y alambre.
Machigue	Recipiente con agua, para mojarse las manos al hacer las tortillas.
Metlapile	Pieza de piedra que sirve para moler.
Persogar	Mudar un animal, cambiarlo de sitio
Pizote	Instrumento para pescar elaborado de popote y paja.
Quebrada	Tortilla mas gruesa de lo normal.
Recular	Irse hacia atrás, regresarse
Sìo	Tortilla semicruda
Tixtal	Bollo de masa para hacer torillas.
Totole	Pavo, guajolote

Bailes, música

Existen en la comunidad una pequeña banda de música de viento, que ejecuta las piezas musicales que acompañan a las danzas, los velorios y algún otro acontecimiento familiar. Podemos encontrar la ejecución de sones y danzares propios de las danzas, así como marchas fúnebres y también la interpretación de un gran repertorio de chilenas, que es un baile típico de la costa chica.

La ejecución de la chilena tiene lugar en todo tipo de fiestas familiares. Aquella llegó a este lugar debido a la influencia recibida de Ometepec, ciudad cercana, donde están los mejores intérpretes y ejecutantes de este alegre y bello género musical.

Tradiciones culinarias y platillos típicos

Los platillos típicos de la comunidad, como en muchos otros lugares son: la barbacoa de chivo, res o pollo, el mole rojo, los tamales y las enchiladas. El mole rojo o la barbacoa es un platillo que no puede faltar en bodas, XV años, bautizos o acontecimientos familiares. En las bodas, el desayuno es uno de los puntos más importantes. Consiste en consumir pan con chocolate.

Unas de las bebidas típicas del pueblo es la chicha, bebida fermentada de maíz y piloncillo que se acostumbra tomar en los días de carnaval. En el levantamiento de la cosecha de maìz de riego, se prepara el chilatole acompañado de tamales de elote, el chilatole es una bebida que solo puede saborearse cada año, cuando la cosecha se levanta.

DÍA DE MUERTOS

Antes del 31 de octubre comienzan los preparativos para la ofrenda a los fieles difuntos, el día 30 de octubre de cada año las familias preparan el altar que consiste en una mesa adornada con arcos en los cuales se colocan las flores de cempasúchil cuyos tallos se envuelven en hoja de plátano y se van amarrando unos tras otros hasta cubrir totalmente los arcos y varas que sostienen el arreglo, según la tradición los niños difuntos llegan a los hogares el día 31 de octubre a las doce del día, para recibirlos debajo del altar se pone incienso de copal, se hace un camino con flores de cempasúchil, desde el altar hasta la calle frente a las casas.

La ofrenda de los difuntitos consiste en recipientes con agua, porque según los lugareños, las almas llegan cansadas, se cuelgan en los arcos y las varas, panes con formas humanas, dulces, galletas, frutas como plátanos, manzanas, mandarinas, naranjas, cacahuates, camote, sin faltar los deliciosos tamales envueltos en hojas de plátano, arroz con leche, conserva de papaya, refrescos, jugos, las calaveritas de dulces también se están volviendo tradicionales. En esos días hay un intercambio grande de alimentos entre los pobladores. Por la tarde del dìa 31 de octubre, las familias que tienen familiares niños fallecidos, acuden al cementerio a llevar flores y cirios a las tumbas, para que los iluminen toda la noche. La visita de los familiares difuntitos dura desde el día 31 de octubre al medio día hasta el día primero de noviembre a las doce del día.

La preparación de los alimentos continúa en abundancia porque a las doce del día primero de noviembre se van las almas de los niños difuntos y se recibe a las almas de los difuntos adultos, se cambia casi la totalidad de la ofrenda, pues para los adultos se colocan sus alimentos y bebidas favoritas que consumían en vida, hay más variedad de alimentos dependiendo de la hora del día, pero no pueden faltar los tamales de pollo y puerco, arroz con leche, conserva de papaya, frutas diversas, aguardiente, cervezas, atole, refrescos, agua natural, pozole, enchiladas y una gran variedad de alimentos y bebidas. Se pone copal como incienso y también se les hace un camino con flores de cempasúchil.

Para seguir con los festejos el día primero de noviembre todas las familias acuden al cementerio por la tarde, llevan flores y cirios a las tumbas de los familiares, para acompañarlos toda la tarde hasta entrada la noche, de regreso a los hogares en algunas casas se realizan rezos dependiendo de la organización de las familias sin faltar la música de viento.

El día dos de noviembre por la noche, el día de los fieles difuntos, quienes tienen familiares que han sido asesinados, colocan un otate con flores y un cirio en algún árbol del patio, para alumbrarles el camino y recibirlos en casa, se cree que ellos llegan el dos de noviembre por la noche.

La fiesta del DIA DE MUERTOS, culmina cuando se llevan las flores a una cruz de madera que se ubica al final de la calle principal del poblado, al lado oriente, acude mucha gente de todas las familias porque se trata de despedir a las almas que sólo nos visitan cada año. Las flores se pueden llevar cualquier día de la semana excepto un martes, pues se tiene la creencia popular de que el martes es un día nefasto. De las flores de la ofrenda se eligen las mejores, se ponen a secar y se guardan las semillas para sembrarlas el 25 de julio del año siguiente, la planta generalmente en buenas condiciones climatológicas produce las flores en tan solo tres meses, para que a finales de octubre estén listas para preparar los nuevos altares. La celebración del DIA DE MUERTOS es una de las de mayor arraigo en la comunidad.

Principales festividades
Repertorio dancístico de la comunidad.

Hasta la fecha se continúa con la costumbre ancestral de bailar para el Santo Patrono del lugar. Es decir, que la danza ceremonial en la actualidad está ligada al rito religioso y es motivada por el deseo de participar como manda, en acción de gracias al Santo Patrono o a la virgen por algún favor recibido.

Las danzas, en su mayoría, son dirigidas por los dos punteros de las líneas paralelas, forma coreográfica que aún persiste, así nos lo relata Fray Diego Durán; también nos cuenta que a la voz de los dos punteros cambiaban los pasos y contrapasos, tal como lo hacen hoy en día.

Características de la danza

DANZA: Expresión tradicional, organizada tanto en sus movimientos, como en su coreografía y música, que ha sido transmitida y cultivada de generación en generación por ''maestros de danza'', que la heredaron y han sabido conservarla con algunas innovaciones o modificaciones, dentro de las costumbres de los pueblos. Es también una manifestación que cumple una función social dentro de su medio ambiente, de acuerdo con las ideologías tradicionales. (PUBLICA-CONACULTA 1991)

En todas las fiestas las danzas juegan un papel muy importante, ya que están ligadas al ceremonial religioso de la comunidad. Las danzas son consideradas un patrimonio cultural y se van transmitiendo de generación en generación por maestros que las aprenden y las enseñan a las nuevas generaciones, a diferencia de los bailes, las danzas tienen una coreografía establecida la cual es respetada por los encargados de transmitirlas, salvo en algunos casos que incorporan parte de su creatividad para embellecer las danzas. Los participantes en la mayoría de los casos danzan para cumplir una manda, otros lo hace por gusto, quienes bailan durante años en ocasiones se aprenden los diferentes pasos y coreografías y se convierten también en maestros de danza. Pues adquieren cierto prestigio y son respetados en las comunidades.

Las festividades más importantes corresponden al santoral católico, aunque fuertemente matizadas por antiguas creencias religiosas. Para las festividades religiosas los denominados mayordomos son los encargados de financiarlas, mientras que las fiestas cívicas son organizadas por las escuelas en coordinación con las autoridades de la comunidad.

El calendario de danzas tradicionales es el siguiente:

MES	DÍAS	DANZAS	FESTIVIDAD
FEBRERO	(FECHA MOVIBLE)	"DANZA DEL MACHO MULA"	CARNAVAL
ABRIL	24-25	DANZA DEL TORO	SR. SAN MARCOS (RITO DE PETICION DE LLUVIAS)
JULIO	24-25	"DANZA DEL TIGRE"	SR. SAN CRISTÓBAL PATRON DEL PUEBLO
SEPTIEMBRE	15-16	"DANZA APACHE"	FIESTA CIVICA
OCTUBRE	6-7	"DANZA DE LA TORTUGA"	HONOR A LA V. DEL ROSARIO
DICIEMBRE	7	"DANZA DE LOS DOCE PARES"	En honor a la virgen de Juquila
DICIEMBRE	11-12 Y 19, 21	"DANZA DE LA CONQUISTA DE MEXICO"	EN HONOR A LA VIRGEN DE GUADALUPE.

DANZA DEL MACHO MULA EN LAS FIESTAS DEL CARNAVAL.

Un amplio escenario natural sirve de marco para la ejecución de la DANZA DEL MACHOMULA, la cual tiene lugar en las festividades del carnaval, que en la comunidad se inicia el sábado anterior a la cuaresma, por lo que no tiene una fecha fija. Las autoridades locales se encargan de los festejos, la gente acude al lugar denominado "la piedra del macho", a escasos tres kilómetros de la población, la fiesta se inicia siempre un día sábado y para ello las autoridades se organizan para atender a los asistentes, muy temprano, tanto el comisario municipal como el comisariado de bienes comunales, llegan al lugar donde se hace un rito, el cual está a cargo de un brujo, quien hace plegarias en mixteco, para que durante todo un año, la comunidad tenga un clima social favorable, para que no haya problemas ni desgracias.

El rezandero se introduce al interior de una cueva, cuyas paredes son de piedra, ahí, hace las peticiones correspondientes y ofrece incienso, comida, aguardiente, chicha y chilate de cacao. Una banda de música de viento ameniza el ambiente con música regional. Al medio día, una vez que se hacen las ofrendas correspondientes, la esposas de las autoridades y gente voluntaria, comienzan a repartir a todos los asistentes el chilate de cacao y la chicha, también sirven cierta cantidad de cerveza u otras bebidas embriagantes.

Es la única vez en el año que se prepara la chicha, exclusivamente para las festividades del carnaval, la chicha es una bebida embriagante elaborada a base de maíz amarillo y piloncillo, la preparación tiene que hacerse con un mes de anticipación, el maíz amarillo se muele en un molino y se combina con agua natural que son depositados en una olla grande de barro que se entierra al suelo para que pueda fermentar el producto, diariamente se tiene que agregar el jarabe hecho con piloncillo, la chicha adquiere un sabor agridulce, muy agradable pero tiene un gran poder embriagante.

Realizadas las peticiones correspondientes y una vez que se reparte la comida a todos los asistentes, los personajes integrantes de la danza del macho mula se alistan para entrar al escenario, los personajes principales son el macho mula, el viejo, la vieja y las mojigangas. Acompañados con la banda de música, se ejecutan los sones de rigor, los cuales son tres: "la entrada", "son del macho y los viejos" y "son de camino". Aproximadamente a las tres o cuatro de la tarde, una vez que los viejos lazan al macho mula se emprende el retorno hacia la población, la banda continúa tocando el son de camino hasta llegar a la comisaría municipal y de ahí a la casa de los mayordomos, donde descansa toda una noche y se alista para hacer el recorrido por toda la población el día domingo siguiente.

El día domingo, el macho mula danza en la casa del mayordomo y nuevamente una vez que lo lazan se inicia el recorrido por la población, los mayordomos invitan comida y bebida a los asistentes a la fiesta. El recorrido se inicia en la casa del mayordomo del macho mula y de ahí se dirigen a la casa del mayordomo del toro de petate para continuar por las calles principales del poblado, vuelven después del recorrido a las casas de los mayordomos para de ahí llevar el presente a la casa de los nuevos mayordomos, quienes son nombrados un día antes en la piedra del macho mula.

El presente que se lleva a los mayordomos, consiste en comida, regularmente un guisado de res o chivo, tortillas, cervezas, refresco y chicha, además se deja a los nuevos mayordomos el macho mula y el toro de petate en señal de que el próximo año organizarán la fiesta y repartirán también comida y bebida.

El macho mula está elaborado en madera tallada, en forma de mular, se le coloca una cola hecha de crines de caballo e incluso se le agregan crines en la nuca para darle la apariencia de un caballo o mular, es de color negro y se le coloca un bozal y mecates para que quien se encargue de darle vida al personaje, pueda atárselo y quedar montado sobre él.

El personaje principal, va montado sobre el macho mula de madera, generalmente va vestido de negro o con ropa vieja, lleva puesto un gabán de lana con grecas vistosas en tonalidades grises y negras, lleva puesto un sombrero negro y va maquillado en el rostro con color negro, lleva además una cuarta con la que de cuando en cuando golpea al macho mula y a la gente que se le acerca para montarle o hacerle bromas, calza también huaraches de correa.

El viejo, lleva un calzón blanco hecho de manta, camisa o chamarra de mezclilla en color azul o negro, va maquillado en el rostro de color negro, lleva un sombrero de palma, complementa el vestuario con un bule lleno de chicha, una reata para lazar al macho y una ardilla disecada, además de un morral que se coloca al hombro. Calza huaraches de correa.

La vieja viste el traje típico de la mujer mixteca, que consiste en un huipil hecho de popelina blanca con listones de colores colocados en forma vertical y que combina con el color de la enagua, la cual se confecciona con popelina estampada en colores vistosos, puede ser verde, azul, morada, roja o amarilla. La enagua es circular y se complementa con encaje de color blanco, generalmente llega un poco debajo de la rodilla. Complementa su vestuario con un sombrero de palma, un paliacate que le cubre el rostro, calza huaraches campesinos y lleva una jícara de maíz, para poder amansar al macho mula. El personaje que hace el papel de la vieja es un hombre que se disfraza de mujer. Las mojigangas son también hombres disfrazados de mujer que alegran la fiesta y acompañan la danza por el recorrido que hace por la población, generalmente las mojigangas van bailando y tomando haciendo un ambiente festivo.

El origen de la danza es tan antiguo que se pierde en la memoria colectiva, se ejecuta desde épocas remotas, pues los ancianos cuentan que cuando eran jóvenes ya se ejecutaba esta danza, la cual está muy arraigada dentro de las festividades locales y cada año podemos apreciar su ejecución.

Antaño, la fiesta del carnaval era muy bonita, poco a poco ha ido cambiando, pues ya no vemos ahora los cascarones con agua perfumada y las botellas, que las muchachas de la comunidad vendían a los clientes para bañar a las personas, que eran las amistades, el novio o la novia, además en el centro de la población se congregaban muchos niños portando sus toritos de petate y que participaban en el lanzamiento de coyoles. Todo este ambiente festivo era tradicional en las fiestas del carnaval, lo que se conserva hasta ahora es la danza del macho mula con sus sones característicos, la chicha, el chilate y el recorrido por las calles de la comunidad.

DANZA DEL TORO

La danza del toro de petate es tradicional en los festejos al Sr. San Marcos, el toro de petate es armado en casa del mayordomo, se le da una forma parecida al toro y se le colocan cuernos de verdad. En su construcción se utilizan otates, mecatillos e ixtle, manta, pinturas y petate. Una vez que se termina se deja listo para subirlo al Cerro Cacalote, lugar en el que se realiza la petición de lluvia, para que haya cosecha abundante. La ceremonia se realiza el día 24 de abril en la cima de este cerro. Esta fecha corresponde a las vísperas del Sr. San Marcos, en cuyo honor se ejecuta esta danza. El mayordomo financia la fiesta y la danza, en la cima del cerro se reparte comida y bebida a los asistentes, un brujo es el encargado de hacer la petición de lluvia, mediante ofrendas consistentes en copal, que le sirve como incienso, aguardiente, comida y bebida.

Los personajes que acompañan al toro de petate, son el terrón, los caporales, los mayordomos, el puntero y también los vaqueros, quienes montados a caballo acompañan al toro en su descenso del cerro y en el recorrido que hace por la comunidad el día 25 de abril, la música que ameniza la danza es un pequeño violín y también una banda de música de viento.

DANZA DEL TIGRE

Es una danza regional que se presenta en muchas comunidades de la región de la costa chica, es tradicional en honor a diferentes santos o vírgenes, en San Cristóbal, pequeña comunidad del municipio de Tlacoachistlahuaca, Guerrero, se ejecutaba en honor al Santo Patrono del lugar el señor SAN CRISTOBAL, durante los días 24 y 25 de julio de cada año.

El 16 de julio por la madrugada empezaba la novena del señor SAN CRISTOBAL, en el templo de la comunidad, la novena consiste en rezos que se hacen diariamente por la mañana o por la tarde durante nueve días, terminando éstos el día 24 de julio en vísperas de la fiesta.

Al iniciarse la novena y al terminarla, el mayordomo o encargado de la fiesta, llevaba las flores y la cera al templo, acompañado por la banda de música y la danza. Los rezos tenían lugar todos los días, acompañados con la banda de música del lugar, cohetes y cámaras, todo esto en honor del santo patrono.

La danza se ejecutaba ya sea en el atrio de la iglesia o en casa del mayordomo, en donde un día antes de la víspera se construía la enramada con el apoyo de familiares y amigos del encargado de financiar la fiesta.

La ejecución de la danza o batalla comenzaba alrededor de las diez de la mañana para terminar entre las 4:00 PM o 5:00 PM, durante todo este tiempo, los músicos interpretaban los sones respectivos de la danza y los danzantes cada uno esperaba su turno para danzar al son de la música de viento.

PARTES DE QUE CONSTA LA DANZA:

1. Sones (existe un número amplio de los mismos)
2. Reverencia
3. Son de capitanes.
4. Sones de animalitos.
5. Son del perro.
6. Son del viejo y la vieja.
7. Son del tigre.
8. Son de camino.
9. Baile del tigre (acecho) (persecución)
10. Matanza de tigre.
11. Final.

PERSONAJES QUE INTERVIENEN EN LA DANZA:

1. El tigre (personaje principal)
2. El perro.
3. Los tlaminques.
4. El viejo.
5. La vieja.

INDUMENTARIA:

1.- EL TIGRE: Lleva una máscara que presenta los rasgos de este animal, paliacate rojo al cuello y otro paliacate en la cabeza a la manera de los insurgentes. Traje amarillo de una sola pieza, con puntos y rayas negras, manga larga y cola también larga, del mismo material. Va descalzo debido a que los movimientos de la danza así lo amerita además de que trepa a los árboles en el momento de la persecución.

2.- EL PERRO: Traje café de una sola pieza, mangas largas, cola larga, va también descalzo. Máscara de madera con rasgos de perro y paliacate rojo en el cuello y cabeza.

3.- LOS TLAMINQUES: Estos representan animalitos diversos, su vestuario consiste en pantalón azul marino y camisa blanca, sombrero de palma adornado con listones de vivos colores y colocados de manera horizontal, cosidos por en medio, hasta cubrir totalmente el sombrero. Llevan huaraches de correa sencilla, dos paliacates colocados transversalmente de los hombros a la cintura, dos paliacates amarrados a la cintura, doblados uno de cada lado cayendo las puntas hacia el lado lateral de las piernas y un pañuelo rojo en la mano.

4.- EL VIEJO: Lleva camisola negra o verde oscuro, mangas largas, pantalón negro o verde oscuro, botas o huaraches, máscara de madera color negro, paliacate al cuello, sobrero de ala ancha y escopeta para matar al tigre.

5.- **LA VIEJA:** Falda circular amplia, lisa o estampada elaborada de popelina, blusa bordada en punto de cruz con letilla al frente, rebozo negro, huaraches de correa sencilla, máscara de madera muy femenina, lacia peluca de ixtle con dos trenzas largas y sombrero, lleva también un garrote u otate.

INSTRUMENTOS MUSICALES.

Los instrumentos que generalmente se usan para la música de la danza son los siguientes: (aclarando que varían de un lugar a otro)

1. Trompeta
2. Saxofón
3. Redoblante
4. Tambora
5. Trombón
6. Bajo
7. Cornetín

El atrio de la iglesia o una amplia enramada en casa del mayordomo sirven como un perfecto escenario para la ejecución de la danza, además del tigre, el perro, el viejo y la vieja la distribución de los tlaminques en el espacio escénico, es el siguiente:

Capitán	Capitán
Jabalí	Marranito
Mapache	Tejón
Venado	Conejo

Zorrillo	Tlacuache
Sanate	Chiculú
Cotorrita	Perico
Calentura	Frío
Garrobito	Iguanita
Masacuata	Víbora
Pulga	piojo

DANZA DE LOS APACHES

La danza de los apaches no es religiosa, se ejecuta durante los días 15 y 16 de septiembre, en el aniversario de la Independencia Nacional. En ella generalmente participan niños de las escuelas o jóvenes de la localidad. Dos señoritas son elegidas con anterioridad para representar a la Reyna y la América. La indumentaria que utilizan comúnmente los apaches es un vestido rojo o falda roja y se maquillan el rostro y el torso con carbón y aceite quemado, asimismo llevan un penacho de plumas de guajolote, los apaches, como se denomina a los danzantes, salen a los sembradíos cercanos al poblado a robar elotes, calabazas y aves de corral, los traen a la comisaria y los dueños tienen que dar una pequeña cooperación para recuperar a sus animales, esto se hace con la finalidad de recabar fondos para el festejo. La danza culmina con un simulacro de batalla entre apaches y gachupines que se efectúa en la calle principal del poblado, al final del desfile cívico. El acompañamiento es con la banda de viento que toca varios sones entre ellos el más importante es el de la batalla, al enfrentarse los apaches y gachupines salen triunfadores los apaches, los que se oponían a la evangelización.

DANZA DE LA TORTUGA

Esta danza no es muy vistosa, por su forma de ejecución divierte a la gente que acude en masa a mirarla. La tortuga se construye de otates o bejucos y manta, y se pinta dándole un aspecto parecido al animal verdadero. Quien se mete a la tortuga lleva una máscara y sombrero, así como un trozo de madera en forma de cabeza de tortuga que se mueve imitando los movimientos de este animal. A éste le acompañan el viejo, la vieja y las inditas, quienes recogen los huevos que pone la tortuga en las esquinas de las calles. La ejecución de la danza tenía lugar en la comunidad los días 6 y7 de octubre en los festejos a la Virgen del Rosario.

DANZA DE LOS DOCE PARES DE FRANCIA

Es una forma de danza-teatro que se ejecutaba también en las festividades en honor a la virgen de Guadalupe, representa una feroz batalla entre turcos y cristianos, entre los que destacan como personajes importantes, Carlomagno, Fierabrás y Oliveros, donde un grupo trata de imponer la religión católica, los personajes integrantes del grupo de danzantes son los siguientes:

CRISTIANOS	TURCOS
Oliveros	Fierabrás
Roldán	Surtirán
Guy de Borgoña	Galafre
Ricarte de Normandía	Rey Brulante
Carlomagno	Almirante Balán
Duque de Naimes	Rey Clarión
Conde Regner	Fierabrás
Guarín	Lucifer

Ganalón	Ténebre
Gerardo	Cornifer
Tietris	Orages
Oger de Danois	Brutamontes

A los personajes anteriores se integran Escudero, Floripes y Dos Damas, además de Mahoma, que es un personaje extra, muy gracioso, que en ocasiones sirve como apuntador ayudando a recordar la entradas de cada personaje, en total 29 personajes en escena.

La música que ameniza la danza es una pequeña banda de música de viento, que interpreta las marchas y danzares propios, entre ellos, Son inicial, Marcha Activa, Marcha propia, Marcha fúnebre, Danzar de Floripes con escudero y las damas, toque de atención, son de Guerra, Pieza de música, elogios, son de diablos.

Las partes mas importantes y vistosas de la danza son el desafío que se hacía por las tardes y donde todos los danzantes montaban a caballo, después del desafío se suspendía por unas horas la danza y se continuaba por la noche, en el atrio de la iglesia, con anticipación se preparaba el espacio escénico pues Floripes y las damas permanecían en un trono que simulaba un castillo. La otra parte más vistosa también era en donde Floripes y las Damas cantaban y danzaban en compañía del escudero, que era el personaje más pequeño del grupo.

Los vestuarios iban en función del personaje que representaba cada ejecutante, pero en general se confeccionaban en Finas telas y decoradas con creatividad, usando lentejuelas, lentejuelones, chaquiras, flecos, aplicaciones de lentejuela, la tela más común era el terciopelo en diversos colores. Dependiendo del papel que se iba a representar se usaban, boinas, escudos, sombreros, casacas, espadas, cubiertas de piel, plumas en varios colores, y se usaban medias y guaraches.

Durante muchos años esta danza permaneció en el olvido, hasta que un grupo de entusiastas mujeres la rescató a iniciativa de la Sra. Aurora Navarrete Nájera, que año con año a partir del 2008 participa en la organización de la danza, el rescate resulta oneroso, ya que se tiene que pagar la banda de música que ameniza la danza, así como la confección de los trajes, la utilería, los diferentes ensayos y otros gastos que se generan. A partir del año 2008 y con el apoyo de un maestro de Danza de la comunidad de la Soledad, Mpio. De Ometepec, Guerrero, la danza se ejecuta ahora en honor a la Virgen de Juquila el 7 de diciembre de cada año.

LA DANZA DE LA CONQUISTA DE MÉXICO

Muy apegada al santoral católico, la Danza de la Conquista de México se ejecuta en las festividades en honor a la virgen de Guadalupe, que tiene lugar los días 11 y 12 de diciembre y 19 y 21 del mismo mes. Los mayordomos eligen a un grupo de encargados para la organización de la danza, los encargados son personas voluntarias y en algunos casos pagan una manda a la virgen por los favores recibidos. Desde el mes de agosto los encargados visitan a los lugareños para animarlos a participar en la danza, algunos danzan por gusto y otros cumplen alguna manda a la virgen.

La danza de la conquista se formaliza año con año el día 12 de octubre, que es el día de la coronación de la virgen, con anterioridad a esta fecha se elige al maestro de la danza, quien es el encargado de preparar las **"cartillas"** que son cuadernos manuscritos que contienen las denominadas **"relaciones",** que consisten en los parlamentos que cada personaje tiene que memorizar completamente para poder participar en la ejecución de la danza, la cual es una forma de danza-teatro, cuya duración es de aproximadamente doce horas, en las que los participantes intercalan parlamentos y sones y danzares propios de la danza.

Los ensayos tienen lugar los fines de semana, se eligen casi siempre los días domingos, comenzando éstos a las siete de la mañana y terminan entre las siete y ocho de la noche del mismo día, los ensayos son amenizados por una banda de música de viento, destacando los siguientes instrumentos musicales, la trompeta, el clarinete, la tambora, la batería, el saxofón, y el bajo

Se realizan entre cinco y seis ensayos dependiendo de los recursos para pagar la banda, el maestro a veces es acompañado por un asistente, que está al pendiente de alguno de los grupos que integran la danza, los españoles y los mexicanos.

Durante la ejecución de la danza se hace una representación de los episodios más importantes de la conquista de México, la preocupación de Moctezuma por la llegada de los españoles a las costas mexicanas, las embajadas de los mexicanos para llevar presentes a los españoles y pedirles que éstos se retiren del imperio, en la segunda embajada los aztecas entregan como presente a la Malinche, el bautizo de la Malinche por el Cura Olmedo, se llevan a cabo cruentas batallas entre ambos bandos, se representa durante el desarrollo de la danza, la muerte de Moctezuma por su sobrino Cuauhtémoc, Cuauhtémoc asume el poder, después de la muerte de Moctezuma, el episodio de la Noche triste cuando Cortés llora debajo de un àrbol, la aprehensión de Cuauhtémoc por los españoles, se representa también el martirio de Cuauhtémoc, cuando le queman los pies, la danza culmina cuando Cuauhtemoc es rescatado y sepultado por sus compañeros, su esposa la reina sostiene una batalla con Cortés y finalmente éste se rinde, después de sepultar a Cuauhtémoc, la reina regresa al árbol donde Cuauhtemoc fue martirizado y ahí precisamente dice su último parlamento, toda esta representación tiene lugar durante la ejecución de la danza.

El día de la presentación de la batalla, los danzantes van ricamente ataviados, los españoles llevan un traje de marinero, confeccionado de terciopelo azul marino consistente en tres piezas, un saco de mangas largas, un calzón corto y un *espaldar*, todos finamente adornados con lentejuelas multicolores, lentejuelones, chaquiras, listones, adornos dorados, encajes y flecos, la utilería que llevan va de acuerdo con el personaje que representan pero todos llevan una espada de acero, cubiertas, cintos, sombreros adornados o cascos con plumas de avestruz en colores diversos y lanzas de madera, que utilizan en las batallas. Todos los españoles llevan medias y calzan botas o botines.

Los aztecas o mexicanos, llevan un vestuario diferente, dependiendo del personaje que representan llevan *casacas,* que es un vestido hecho de satín, pectorales, taparrabos, un manto largo elaborado con terciopelo en colores diferentes, finamente adornado con lentejuelas, lentejuelones, chaquiras, adornos dorados y aplicaciones de lentejuelas, su utilería consiste en penachos adornados con plumas de avestruz, faisán, gallo o pavorreal, llevan además un **chimalli o rodete** que les sirve como protección en las batallas, espada de acero, cubierta, cinto, medias y huaraches de correa así como una macana de madera.

En los días en que se ejecuta la danza no pueden faltar los sones, cuyo repertorio es amplio, pero los mas conocidos son los siguientes:

- El son de la Reyna
- Son de la Malinche
- El festín.
- El pañuelo
- Son Martìn 7
- Son de las cuatro espadas
- La contradanza 1
- La contradanza 2
- Son de camino
- Son de la reverencia.

Los danzares son la parte mas vistosa de la danza: En la observación realizada destacan los siguientes danzares:

- Danzar de Monarca y Cuauhtemoc
- Danzar de la Malinche
- Danzar de la Reyna
- Danzar de Cortès con Alaminos

La danza tiene una coreografía propia que generalmente respetan los maestros de la danza durante los esnsayos y por supuesto en las presentaciones, aunque se aclara que las coreografías varían de una comunidad a otra.

A lo largo de la danza, al intercalar los parlamentos con la ejecución de los bailes, se ejecutan básicamente los siguientes sones, marchas y danzares:

- Son de entrada (Partida de plaza)
- Marcha activa
- Marcha propia
- Son de Guerra
- Son de Guerra de medio campo
- Son de Victoria
- Marcha fúnebre
- Danzar de Moctezuma y Cuauhtemoc
- Danzar de la Malinche
- Danzar de la Reyna
- Danzar de Cortès.
- La cadenilla
- Marcha Final.

Los personajes que integran la danza son los siguientes:

MEXICANOS	ESPAÑOLES
Mandil	Pedro de Alvarado
Esahuac	Gonzalo
Zilacatecín	Avila
Cuitlahuac	Aguilar
Negrito Mexicano	Juan Escalante
La Malinche	Cristobal de Olid
Monarca	Hernan Cortes
Reyna Xochitl	Grijalva
Cuauhtemoc	Cura Olmedo
Cuaupopoca	Negrito Españo.
Noble Guerrero	Alaminos
Zicatle	Ovando
Tempanacatle	Ordas

Costumbres y tradiciones

Estas están muy ligadas a las festividades que tienen lugar en el poblado. En las mayordomías, bodas o velorios, los amigos o familiares acostumbran "dar la mano", señal que consiste en ponerse a las órdenes de mayordomos o dolientes para hacer todas las actividades que tienen que realizarse. En el día de muertos, la totalidad de las personas acostumbran poner ofrendas, con comida excesiva, para recibir a los familiares difuntos. La mujer acostumbra madrugar para hacer las tortillas y el almuerzo cuando el hombre se va a trabajar muy temprano en las faenas agrícolas. Los trabajos se realizan habitualmente desde el amanecer hasta el mediodía. En días de boda, los familiares del novio acostumbran ayudarlo, obsequiándole pavos, gallinas, cerveza, vino o bien otro tipo de apoyo. El tequio es algo que paulatinamente va desapareciendo, en los funerales de la muerte generalmente hay música de viento, los velorios se realizan en las noches y se reparte comida y bebida a los asistentes.

En lo que se refiere al matrimonio, es generalmente un intermediario el que lleva el asunto, hasta que la boda se realiza. Cuando se fija la fecha de la misma, se lleva a cabo un acto de singular importancia. Llamado **QUEDAMENTO**, en el que intervienen los familiares y amigos de los novios. El compadrazgo es algo importante, durante los bautizos los padrinos hacen obsequios al ahijado, los compadres acostumbran llevar a la casa de los padrinos el presente, que consiste en mole, pan y chocolate.

Grupos de presión y de poder

Los grupos de poder en la comunidad los constituyen el Comisario de Bienes Comunales, el Consejo de Vigilancia, los líderes religiosos, así como el Comisario Municipal. Los policías voluntarios actúan bajo las órdenes del Comisario Municipal, y representan ser personajes que hacen presión para que la gente no se desvíe de las normas sociales.

Tipos de presión que se ejercen para la conservación de las normas

Los padres y abuelos en el hogar ejercen sobre el niño una presión hacia éste para que respete a sus mayores, entre ellos sus padrinos y maestros. Las abuelas constantemente presionan a las niñas para que aprendan a cocinar, hacer tortillas y a ser obedientes con los esposos en todo momento.

Otra de las normas es asistir a las misas cuando viene el sacerdote, y mostrar solidaridad con parientes y amigos, en todo momento.

CAPITULO VI
VIDA POLITICA

Durante muchos años San Cristóbal fue un pueblo eminentemente priista, pero a partir de 1980 la gente comenzó a dividirse y afiliarse a diferentes partidos políticos, la mayoría en la oposición. Los partidos que han tenido mayor presencia a lo largo de los últimos años son: EL Partido Revolucionario Institucional (PRI), El Partido del Trabajo (PT), y El Partido Acciòn Nacional (PAN)

La intensa actividad política que han tenido algunos ciudadanos los ha llevado a ocupar ciertos cargos en la presidencia municipal de Tlacoachistlahuaca, entre ellos se citan los siguientes:

NOMBRES	CARGOS	PARTIDO POLITICO
Rey Hernández García	Pdte. Mpal. Constl. y Diputado Local	PT
Emiliano Modesto Urbano	Regidor de Abasto y Comercio	PT
Lauro de Jesús Catarino	Regidor de Obras.	PRD
Irene Brito Navarrete	Regidora	PAN
Emma Carmona Herrera	Regidora de Obras	PT
Pedro Luna Evaristo	Regidor en el H. Ayuntamiento de Chilpancingo, Gro.	PT
Gerardo Santiago Jarquín	Regidor	PT
Nabor Gualberto de la Cruz Galindo	Regidor de Educación	PT
Fortunato Gómez Eutimio	Juez del Registro Civil	
Rosalys Grandeño Santiago	Juez del Registro Civil	PRI
Carmelo Cristóbal Luna	Juez del Registro Civil	PRI

Otros ciudadanos han ocupado cargos importantes en otras dependencias, a citar los siguientes:

Leonel García Cruz	Pdte. De la Unión Regional de Ejidos de Costa Chica, Ometepec, Gro.
Rey Hernández García	Director del C.C.I. de Ometepec, Gro.
Pablo Díaz Oropeza	Ha ocupado cargos de importancia en la Sección XIV del SNTE, Chilpancingo, Gro.
Romualdo Domínguez Cristóbal	Srio. De Trabajos y Conflictos de Educación Indígena, Sección XIV del SNTE, Chilpancingo, Gro Regidor de Desarrollo Rural, H. Ayuntamiento de Xochistlahuaca, Gro.
Fernando Zavala Galindo	Líder estudiantil en la Univerdad Autònoma de Chapingo, donde también ha ocupado diversos cargos.
Maurilio Grandeño Vivar	Srio. De Trabajos y Conflictos de Educación Indígena, Sección XIV del SNTE, Chilpancingo, Gro.
Marcela Hernández Sánchez	Jefa de zonas de supervisión de Educación Indígena, Ometepec, Gro.

GLOSARIO

potes	Peces pequeños que sirven de alimento.
blanquillos	Peces pequeños que se encuentran en los arroyos y sirven de alimento.
Tlacolol	Sembradío de maíz en época de temporal
Chagüe	Sembradío de maíz por sistema de riego.
mecatillo	Cordel de plástico o ixtle
Mayordomos	Personas encargadas de financiar una fiesta religiosa
Cartillas	Cuadernos con parlamento escritos que se utilizan en las danzas
Relaciones	Parlamentos que los danzantes utilizan en las danzas de la conquista, los doce pares y el toro de petate.
Espaldar	Prenda que se utiliza en las danzas, es una capa corta que llega a la cintura.
Casaca	Prenda de vestir que se utiliza en la danza de la conquista y los doce pares de Francia, consiste en un vestido corto.
Dar la mano	Ayudar, colaborar.
Quedamento	Acto en el cual se toman acuerdos para un enlace matrimonial.

BIBLIOGRAFIA

Archivo del Comisariado de Bienes Comunales de la comunidad de San Cristóbal, Mpio. De Tlacoachistlahuaca, Gro., Compra-venta de terrenos, año de 1988", exp. s/n

Bahena Salgado, Urbano y otros, Guerrero, Historia y geografía, tercer grado, Comisión Nacional de los Libros de texto gratuitos, México, 1993.

Cázares Hernández, Laura, María Christen, et al., Técnicas actuales de investigación documental, Trillas, México, 1980.

CENSO GENERAL DE POBLACION Y VIVIENDA, México, 2010.

Domínguez Cristóbal, Heladio. Entrevista al Sr. Fortunato Gómez Eutimio acerca del significado etimológico de la comunidad de San Cristóbal, 2 de octubre de 1995.

González Dávila, Amado. Monografía de Tlacoachistlahuaca, México, 1973.

López Barroso, Epigmenio. Diccionario Geográfico, Histórico y Estadístico del Distrito de Abasolo, estado de Guerrero, Botas, México, 1967.

Pérez Álvarez, Sergio. Diagnóstico de la situación educativa, sus cuatro nivles, 3ª. Ed., corr. Y aum. Braga, Argentina, 1991.

Rojas Soriano, Raúl. Guía para realizar investigaciones sociales, 8ª. Ed. UNAM, México, 1985.

SECRETARIA DE EDUCACION PUBLICA (SEP), La república Mexicana, equilibrio ecológico, México, 1991ñ

SEP-INI-SS. Para cuidar la vida, Manual de salud para zonas indígenas, 3ª. Ed., México, 1994.

Secretaría de la Reforma Agraria (SRA). Plano definitivo de reconocimiento y titulación de bienes comunales de San Cristóbal, Mpio. De Tlacoachistlahuaca, Gro., según resolución presidencial del 14 de febrero de 1973.

Schefler, Lilian. Grupos indígenas de México, Ubicación geográfica, organización social y política, economía, religión y costumbres, 2ª. Ed., Panorama, México, 1986.